U0604425

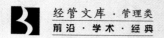

经管文库·管理类
前沿·学术·经典

MANAGEMENT

Division of labor in production and
enhancement of export added value

生产分工与
出口附加值提升

姚 博 ◎著

经济管理出版社
ECONOMY & MANAGEMENT PUBLISHING HOUSE

图书在版编目（CIP）数据

生产分工与出口附加值提升 / 姚博著. -- 北京 ：
经济管理出版社，2025. 4. -- ISBN 978-7-5243-0286-5

Ⅰ. F752.68

中国国家版本馆 CIP 数据核字第 2025L1H507 号

组稿编辑：杨国强
责任编辑：杨国强
责任印制：许　艳
责任校对：蔡晓臻

出版发行：经济管理出版社
　　　　　（北京市海淀区北蜂窝 8 号中雅大厦 A 座 11 层　100038）
网　　址：www. E-mp. com. cn
电　　话：(010) 51915602
印　　刷：唐山昊达印刷有限公司
经　　销：新华书店
开　　本：720mm×1000mm/16
印　　张：12.75
字　　数：228 千字
版　　次：2025 年 5 月第 1 版　　2025 年 5 月第 1 次印刷
书　　号：ISBN 978-7-5243-0286-5
定　　价：98.00 元

前　言

　　改革开放 40 多年来，随着生产分工体系的不断拓展和中国参与全球网络生产的进一步深化，大量的生产分工和对外出口极大地促进了中国的贸易增长，为中国经济持续和快速发展做出了重要贡献。目前，我国经济由高速增长转向高质量发展，贸易开放已经成为经济高质量发展的必然选择。近年来，中国的出口结构有了明显变化，出口国内附加值有了一定提高，中国整体经济实力和技术水平也在大幅升级，国内企业参与不同类型、特征和层次的生产分工对出口国内附加值的影响作用呈现出显著的差异性。因此，有必要深入研究在国际国内新形势下，不同类型、特征和层次的生产分工对出口国内附加值的影响效应、制约因素、作用机制，以及在贸易自由化条件下的拓展影响，进而为制定差异化的生产分工和贸易政策提供科学的理论依据。这既是产业经济研究领域的重要课题，也是实现经济高质量发展的重要条件之一。

　　本书的价值贡献在于厘清了生产分工对出口国内附加值影响的逻辑框架。首先，基于溢出效应理论、要素禀赋理论和产业组织理论，从技术溢出效应、规模经济效应角度阐释了生产分工对出口国内附加值的影响机理；其次，从要素禀赋结构层面、地区层面、行业层面分析了生产分工影响出口国内附加值的制约因素；最后，探析了生产分工影响出口国内附加值的作用机制。基于此，本书通过构建各种计量模型，使用工业企业数据和海关进出口数据，对理论分析进行实证验证。包括：一是采用固定效应和面板门槛模型估计了要素禀赋结构变化对零部件分工、加工品分工、初级品分工提升出口国内附加值的影响规律；二是采用面板变系数模型估计了各个省份、各个行业层面几类生产分工对出口国内附加值的影响；三是采用空间计量模型估计了生产分工对出口国内附加值的作用机制，并做了贸易自由化条件下的拓展分析。主要研究发现如下：

　　第一，基于溢出效应理论、要素禀赋理论和产业组织理论，构建了生产分工与出口国内附加值关系的理论分析框架，拓展了现有研究的深度和广度。具体而言，从要素禀赋结构层面、地区层面、行业层面探讨生产分工对出口国内附加值的影响，并分析生产分工对出口国内附加值的作用机制以及贸易自由化的拓展效果。本书将生产分工划分为零部件分工、加工品分工、初级品分工，丰富了对生产分工所处的不同阶段和价值链环节层面的研究。以往从要素禀赋结构层面考察生产分工产生效应的研究较少，本书考虑了在人力资本、所有制结构、金融规模、金融效率、制度服务这些约束因素条件下，三类生产分工对出口国内附加值影响的动态变化规律。

第二，本书采用面板变系数模型，从地区和行业层面实证检验了生产分工对出口国内附加值的影响，揭示了二者关系在不同维度的变化情况。研究发现，在地区层面，有 13 个省份零部件分工、17 个省份加工品分工、19 个省份初级品分工对出口国内附加值提升有正向影响。浙江等 3 个省份零部件分工、福建等 4 个省份加工品分工、吉林等 5 个省份初级品分工对出口国内附加值的短期波动影响较为突出。在行业层面，有 19 个行业零部件分工、24 个行业加工品分工、17 个行业初级品分工对出口国内附加值的提升影响较为明显。通用设备等 4 个制造业零部件分工、纺织等 5 个制造业加工品分工、煤炭采选等 6 个制造业初级品分工对出口国内附加值的短期波动效应较为突出。

第三，本书采用空间计量模型检验了生产分工对出口国内附加值的作用机制。以往文献对生产分工和出口国内附加值各自的研究较多，但没有文献分析二者之间的作用机制，更缺少对零部件分工、加工品分工、初级品分工作用机制的区分。零部件分工促进出口国内附加值提升的作用机制包括 TFP、技术创新、产业结构高级化、资本配置。加工品分工和初级品分工促进出口国内附加值提升的作用机制包括 TFP、技术创新、产业结构合理化、劳动力配置。在贸易自由化程度分别超过 50% 和 75% 以后，生产分工对出口国内附加值的提升影响会有很大变化。贸易自由化会间接强化生产分工企业的 TFP、技术创新、产业结构优化、资源配置的中介渠道，继而对出口国内附加值产生积极影响。

目　录

1 绪论

1.1 研究背景

自 20 世纪后半期以来，全球经济一体化引致国际分工发生了深刻变化，社会专业化分工日益细化，生产分工由产业间分工向产品内分工不断转变，尤其是90 年代以后涌现出新一轮的国际生产逐渐向发展中国家进一步转移，许多发达国家的大型跨国企业越来越重视将全球生产分工作为国际化的重要战略选择。新时期生产分工的主要表现是把产品的生产过程分解为不同阶段和环节，然后分散到不同的国家和地区进行，并以跨国界的垂直贸易链进行连接。文东伟（2018）指出，在这种新的分工模式下，各国可以根据自己的要素禀赋优势加入到产品生产的各个环节中，并利用各自的专业资源优势，极大地促进了国际分工的快速发展。

同时，随着国际贸易实践活动的拓展，部分经济学者认为，国际贸易对经济增长不仅没有起到积极的促进作用，反而可能会阻碍经济的进一步发展，如"比较优势陷阱"理论、"中心—外围"理论、"贸易条件恶化"理论等，因此，对国际贸易的研究重点不再是出口的绝对数量和规模问题，而是贸易品的技术含量、价值链地位和商品的生产率本质问题。在这样的背景下，出口国内附加值这一概念就成为研究当代出口贸易问题、一国生产分工地位和国际竞争力的一个很好的分析工具。

加入世界贸易组织（WTO）以后，中国积极地融入到全球生产网络体系中，并成为国际生产分工转移的最大承接地，中央政府以出口导向型策略作为中国的初步对外选择战略，其实践历程也见证了生产分工对中国经济与贸易发展产生的深远影响。一方面，生产分工为经济增长提供了强劲动力，经过 40 多年的进出口高速增长，中国的贸易额和 GDP 排名一跃成为全球第二，这为中国贸易发展提升了广阔空间；另一方面，在这期间，中国的出口结构发生了明显变化，出口国内附加值显著提升。人们开始注意到，生产分工对出口国内附加值的溢出效应随着我国出口竞争力的提升而发生着巨大变化，中国的生产分工重心应该逐步转向有助于提升核心技术能力方面。实际上，中国飞速的技术进步和出口竞争力提升已经开始挑战到发达国家跨国公司在全球价值链高端的领导地位，导致跨国企业频繁对中国企业实行技术封锁和品牌扼杀策略，更加控制生产分工对发展中国家产生的溢出效应，极大地影响着中国企业的自主创新能力。

由于无法有针对性地获取生产分工对出口国内附加值提升的溢出效应，一定程度上制约了对前沿先进技术的学习能力和创新动力，使中国的出口商品在贸易结构优化过程中失去了支撑性作用，这不利于我国出口国内附加值在全球价值链地位中迅速攀升。此外，因为整体技术水平的不断提升，中国产业参与生产分工的要素禀赋结构优势在持续增强，不同形式生产分工对出口国内附加值的影响作用呈现出了显著差异性。在这些新的国际国内形势下，深入考察生产分工会怎样提升出口国内附加值，进而影响贸易综合竞争力已经成为一个重要议题。目前，关于生产分工对出口国内附加值的影响研究并不多，国内外学者更多是关注生产分工的生产率效应、经济增长效应和就业效应，对生产分工的划分较为单一。由于对生产分工类型划分、模型设定、数据采集、解释变量选取和实证方法处理存在着巨大差别，因此，所得研究结论也并不一致。但相较之下，大多结论普遍认同生产分工会产生正向溢出效应，以及其对发展中国家的生产率和贸易竞争优势能够发挥积极的促进作用。

综上所述，整体来讲，在国内研究文献中，有关生产分工的溢出效应多数是从产业层面展开对生产率和就业等产生的影响。也就是说，现有文献难以全面揭示生产分工影响出口国内附加值的差异和特点，国内企业应该如何促进生产分工发挥溢出效应，无法综合评价生产分工的重要作用，对实施差异化的生产分工和出口贸易战略政策缺乏有效的指导意义。因此，本书需要在理论和经验层面重新估计生产分工对出口国内附加值的影响作用，为制定差异化的生产分工和对外贸易政策提供科学的理论依据。

1.2 研究意义

本书围绕生产分工对出口国内附加值的影响问题，明晰在要素禀赋结构层面、地区层面、行业层面的生产分工影响出口国内附加值的差异性，为中国制定有关生产分工和出口贸易政策提供有效的指导作用。因此，在新形势下研究生产分工对出口国内附加值影响议题具有重要的理论意义和现实意义。

1.2.1 理论意义

以生产分工对出口国内附加值的影响研究为主题，在理论层面上分析了生产分工与出口国内附加值之间关系，利用要素禀赋结构、地区因素、行业因素的经验数据验证生产分工对出口国内附加值的影响，这一选题研究的理论意义体现在以下几个方面：

（1）在已有研究基础上，研究厘清了生产分工对出口国内附加值的影响机理、制约因素、作用机制。已有研究主要集中在影响因素方面，而本书聚焦于生产分工的影响机理；已有研究阐述了生产分工会产生技术溢出效应和规模经济效应，但并没有对生产分工影响出口国内附加值的作用机制进行深入探讨，本书深刻分析了这种作用机制，并对各种制约因素条件下的生产分工溢出效应规律进行了分析。这为人们进一步深刻认识和全面评价生产分工与出口国内附加值之间关系提供了理论基础。

（2）本书立足于我国改革转型实际，从要素禀赋结构层面，探讨多维度因素如何作用于生产分工对出口国内附加值的影响，涉及的影响因素有很多，包括人力资本、所有制结构、金融规模、金融效率、制度服务等，验证了在要素禀赋结构视角下，生产分工提升出口国内附加值的作用规律。

（3）与已有文献做法不同，本书结合我国地区层面和行业层面的特征，采用多种计量方法，验证了不同省份、不同行业的生产分工对出口国内附加值影响的差异性，并基于各省份和各行业的发展水平、要素禀赋特征，从地区和行业层面考察了生产分工影响出口国内附加值的波动效应和调节作用。

（4）本书基于生产分工对出口国内附加值作用机制的理论分析，采用计量方法实证检验了 5 个中介变量如 TFP、技术创新、产业结构优化、资源配置、FDI 等，得出零部件分工、加工品分工、初级品分工的作用机制差异性，并从贸易自由化的视角对生产分工促进出口国内附加值提升做了拓展分析，探讨了贸易自由化的调节作用和对作用机制的强化分析。

1.2.2　现实意义

在中国已经成为世界第一大出口国和第二大贸易国的背景下，探讨生产分工对出口国内附加值影响具有很强的时代意义。本书为进一步转变贸易发展方式，提高生产分工的合作地位，有效规避落入"贸易条件恶化"境地提供强有力的借鉴和指导作用。从现实意义看，随着中国改革开放以来经济体制的不断转型，生产分工已经成为中国参与全球网络生产的重要形式，大量的生产分工对中国贸易地位提升发挥了积极的促进作用。但在 21 世纪中国加入 WTO 以后，生产分工对中国贸易地位做出巨大贡献的同时，以往的生产分工政策已经不能够让我国充分获得生产分工对出口国内附加值进一步提升的溢出效应。因此，对生产分工政策应该如何调整，特别是一些差异化生产分工政策的实施效果依然是大家所关心的问题。本书对重新认识生产分工在提升出口国内附加值过程中的溢出效应和作用，以及分析现有生产分工和贸易政策的调整具有重要的参考价值和现实意义。

1.3　相关概念界定

1.3.1　生产分工

生产分工概念最早由 Balassa（1967）提出，是二次全球化浪潮的主要特征之一，实质是全球化背景下的市场一体化和生产分散化的统一。国内外学者在研究生产分工时，基于对贸易价值链相互连接的认识，使用了不同的术语表示，如国际分割、产品内分工、价值链切片、离岸外包、全球生产共享、中间品进口等。本书对生产分工的界定借鉴 Hummels 等（2001）的研究，即生产分工指企业将产品的生产过程分割为多个阶段，每个国家专注于一个或几个生产环节，具体如图 1-1 所示，3 个国家根据自己的要素禀赋结构优势均参与了产品生产，并最终实现了产品的价值增值。

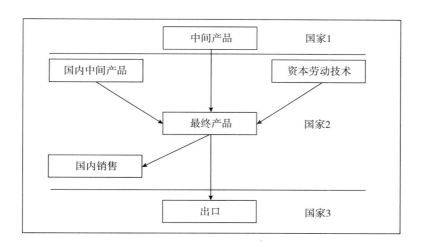

图 1-1 生产分工的概念

1.3.2 出口国内附加值

出口国内附加值的概念最早由 Hausmann 和 Rodrik（2003）提出，指代出口产品的技术含量和生产率水平。Lall 等（2006）认为，一国生产的产品中包含创新能力、集聚经济、供应链能力、品牌营销等特征，而出口国内附加值是这些特征的综合体。随着经济学者将出口国内附加值含义用于产品出口的领域，从而引出一国的出口国内附加值是汇集出口商品结构、出口技术含量和出口生产率为一体的概念。后来的经济学者对出口国内附加值的概念进行了拓展。例如，罗长远和张军（2014）将出口国内附加值解释为一国产品贸易的质量水平。程大中（2014）认为，出口国内附加值是一国产业不同技术层次的组合。总之，本书界定出口国内附加值，是衡量一国的出口贸易商品结构和技术含量的综合指标，其值越大，意味着该国的贸易质量越高。

1.4 研究思路与方法

本书的研究目标是分析生产分工对出口国内附加值的影响，围绕该问题，研究过程按照如下步骤展开：

第一，梳理生产分工与出口国内附加值方面的理论概述，然后整理生产分工通过技术溢出效应和规模经济效应对出口国内附加值产生影响的机理，之后概括生产分工影响出口国内附加值的制约因素和作用机制，以及贸易自由化的拓展作用，在此基础上提出本研究的逻辑出发点，并构建分析框架。

第二，在理论探讨基础上，实证检验零部件分工、加工品分工、初级品分工对出口国内附加值的基准影响、异质分析，以及要素禀赋结构变化对三类生产分工提升出口国内附加值的门槛估计。

第三，利用地区层面和行业层面的经验数据进行验证，不同省份、不同行业的三类生产分工对出口国内附加值的差异分析。

第四，检验三类生产分工提升出口国内附加值的作用机制，并验证了贸易自由化的拓展效果。研究思路如下：

（1）确定研究问题，进行相关文献梳理和数据收集。

（2）通过理论分析，构建研究框架，提出影响机理、制约因素、作用机制。

（3）基于要素禀赋结构变化，实证考察零部件分工、加工品分工、初级品分工对出口国内附加值的影响，包括各种异质性分析，然后是人力资本、所有制结构、金融规模、金融效率、制度服务这5种要素禀赋对各类生产分工提升出口国内附加值的门槛估计。

（4）从地区层面估计不同地区各类分工对出口国内附加值的影响，包括各个省份的异质分析、波动效应、调节效应。

（5）从行业层面估计不同行业各类分工对出口国内附加值的影响，考察各个行业的异质分析、波动效应、调节效应。

（6）在作用机制的理论分析基础上，实证检验几个中介变量的作用机制是否成立，并结合贸易自由化所产生影响进行拓展作用分析。

（7）根据主要研究结论提出具体政策建议。

本书涉及的研究方法如下：

第一，文献归纳法。通过对现有生产分工和出口国内附加值理论进行归纳，总结生产分工影响出口国内附加值的溢出效应机制理论演绎，从各个角度全面认识生产分工对出口国内附加值的影响，并形成研究的逻辑出发点。

第二，统计分析法。罗列了不同省份和不同行业的要素禀赋结构特征，概述了地区层面和行业层面的零部件分工、加工品分工、初级品分工状况，以及地区层面和行业层面出口国内附加值的典型事实，具体采用表、条形图、折线图、趋势线等统计方法。

第三，实证分析法。运用面板数据和面板各种模型，采用单位根检验、协整检验、各类回归（OLS、GLS、2SLS、固定效应、变系数模型）、内生性检验（IV 工具变量估计）、DID、PSM-DID、稳健性检验（GMM 估计）、门槛效应检验与阈值估计、反事实检验、安慰剂检验、数据匹配、误差修正模型、空间计量模型、分位数估计等计量手段，对理论机理进行验证，估计生产分工对出口国内附加值的影响作用，以及要素禀赋结构对生产分工提升出口国内附加值的门槛影响，并从地区层面和行业层面估计了各类分工对出口国内附加值的差异影响，最后探讨了几种作用机制以及拓展分析。

1.5　研究内容与框架

第 1 章是绪论，介绍研究背景和意义，确定研究目标、思路和方法。

第 2 章是文献综述，回顾基础文献，探寻本书的逻辑出发点。首先，梳理了生产分工、出口国内附加值和要素禀赋结构的有关理论；其次，总结生产分工通过溢出效应影响出口国内附加值较为贴近的类似文献；最后，在文献回顾基础上提出研究出发点。

第 3 章是构建生产分工影响出口国内附加值的理论逻辑。首先，阐释生产分工通过技术溢出效应和规模经济效应提升出口国内附加值的作用机理；其次，论述要素禀赋结构特征、地区层面特征、行业层面特征等制约因素；最后，梳理一系列作用机制，并提出贸易自由化的拓展分析，尝试给出一个有关生产分工影响出口国内附加值的更为科学合理的解释。

第 4 章是从要素禀赋结构层面考察生产分工提升出口国内附加值影响。首先，分析零部件分工、加工品分工、初级品分工影响出口国内附加值的基本估计，包括内生性分析、稳健性分析，还有各种异质性分析。其次，考察了人力资本、所有制结构、金融规模、金融效率和制度服务几种要素禀赋对零部件分工、加工品分工、初级品分工影响出口国内附加值的门槛估计。

第 5 章是地区层面生产分工影响出口国内附加值的经验分析。首先，分析东部、中部、西部各区域的零部件分工、加工品分工、初级品分工对出口国内附加值的影响；其次，进行稳健性分析，包括参与不同国家的生产分工检验；最后，考察各个省份的零部件分工、加工品分工、初级品分工对出口国内附加值的差异影响，包括波动效应、调节效应。

第 6 章是行业层面生产分工影响出口国内附加值的经验分析。首先，分析资本、劳动和资源密集型行业的零部件分工、加工品分工、初级品分工对出口国内附加值的影响；其次，进行稳健性分析，包括不同所有制企业的生产分工检验；最后，考察具体各个行业的生产分工对出口国内附加值的差异影响，包括波动效应、调节效应。

第 7 章是作用机制和拓展分析。首先，检验中介变量 TFP、技术创新、产业结构优化、资源配置、FDI 是否为生产分工提升出口国内附加值的作用机制；其次，考察贸易自由化对生产分工的调节作用和对作用机制的强化分析。

第 8 章是研究的结语。主要包括结论和相关政策建议。

本书的结构安排包括六个层次：

一是研究背景和问题提出。

二是通过文献回顾，寻找研究出发点。

三是构建生产分工影响出口国内附加值的一般分析框架，形成影响机理、制约因素、作用机制、拓展效果。

四是相关经验研究：首先，估计要素禀赋结构层面生产分工对出口国内附加值的影响；其次，考虑地区层面生产分工对出口国内附加值的影响；最后，分析行业层面生产分工对出口国内附加值的影响。

五是作用机制和拓展分析，主要是为了验证生产分工影响出口国内附加值的传导途径，以及考虑在贸易自由化影响下所产生的调节作用和强化分析。

六是结论和政策含义。

2 文献综述

生产分工对各国参与经济全球化发展战略的影响已经成为重要的研究领域之一，经济学者对此进行的探索分析取得了丰硕成果，但研究结论众说纷纭。本书通过对相关文献进行归纳和梳理，以为研究寻找一个恰当的逻辑起点。本书研究探讨的是生产分工对出口国内附加值的影响，因此，首先，整理生产分工、出口国内附加值和要素禀赋结构的相关理论基础；其次，梳理生产分工影响出口国内附加值的溢出效应理论等有关文献；最后，给出本书研究的出发点。面对不断涌现的诸多文献，本书只能根据论述的逻辑需要和研究能力所及，对相关文献进行简要评述。

2.1 关于生产分工的研究

2.1.1 生产分工的相关文献

Gary 和 Prahaoad（1990）在解释企业竞争力时提出，一个组织为了整合资源优势，将非核心、低效率的内部业务委托给其他企业来完成，从而实现提升竞争力的一种跨越国界的生产模式，即生产分工。Besanko 等（1996）认为，分工是把企业的内部业务通过契约形式交给外部厂商来完成，在管理过程中，不仅要管理好企业内部生产，还要与合作企业做好沟通。Corbett（2004a，2004b）将生产分工理解为制造商雇佣外部企业来从事自己选择不做的工作部分，而自己可以专注于核心环节生产。

随着生产分工研究的深入，诸多文献对生产分工现象引申出了更多的提法。Feenstra（1998）指出，生产分工就是把国外进行的制造和服务活动与国内活动相结合的一个非一体化生产过程，从而生产出最终产品。杨蕙馨和高新焱

（2019）将生产分工称为价值链切片化，意味着产品生产过程在地理上进行分离，具体是把一个产品的生产分为不同阶段，每个阶段在不同地点进行，并且都能产生价值上的增值。Hummels 等（2001）认为，生产分工是垂直专业化的体现，是对产品生产过程中各个地点的重新选择。Davis（1995）提出了产品内分工概念，认为分工是生产过程的国际化，它在经济活动中的表现会越来越重要，各国之间的经济依赖性逐渐增强。程大中（2014）指出，生产分工是跨国企业根据比较优势的原则，对本国处于竞争劣势的生产阶段进行转移。

经济学家对生产分工研究的侧重点不同，不过，大多数研究是从制造业出发，认为生产分工最终是通过产品的合作性生产实现每一道工序活动在价值链上的增值。本书认为，生产分工是将原有企业内部的职能分工转变为企业之间在产品价值链上的分工，或者是地区与国家间的分工，具体表现为把企业缺乏竞争优势的部分转移给从事这种工作专业化程度更高的服务商，那么，跨越国界的分工即称为全球生产分工。

2.1.2 生产分工产生的动因和影响因素

学术界通过建立各种模型来分析生产分工的产生、发展动因以及影响因素。Coase（1937）基于交易成本理论指出，当外部交易成本大于内部管控成本时，生产活动就应该在内部进行，当外部交易成本小于内部管控成本时，就应该对中间产品的生产活动进行生产分工。Williamson（1975）依据资产专用性理论认为，交易资产的专用性程度越低，对其替代越容易，企业采取生产分工策略的动机越大。Grossman 和 Hart（1986）从不完全契约角度提出，如果双方签订契约的成本很高，那么企业就会放弃生产分工战略。Grossman 和 Helpman（2002，2003，2005）基于交易成本、搜寻和不完全契约成本以及发展中国家市场便利度方面分析了生产分工的动因，对建立组织行为成本和搜寻不完全契约成本之间的关系进行了详细比较。Feenstra 和 Hanson（2005）建立了一系列均衡模型来解释企业分工，对中国经验进行研究认为，出口企业的控制权和所有权对生产分工有巨大影响。倪红福（2016）提出，生产分工实质上是企业对不同管理机制下的交易成本进行权衡。Williamson（1975）提出，交易成本框架下的分工理论是为了最大限度地节省交易成本。不过，Spencer 和 Qiu（2001）、Marin 和 Verdier（2003）依据委托代理理论认为，企业会把自身无效率的环节进行生产分工，并通过契约控制分工方的产出细节，如利用专业化分工来保障分工尺度的权衡问题。

有关生产分工的动因和影响基础因素分析，更常见的研究是采用国际贸易理论对生产分工进行分析，其核心思想是分工可以通过专业化形式最大限度地提高参与国的比较优势，资源和投入要素能够得到很好的配置，使生产分工参与者可以更加专注于各自更有效率的工序环节，提高各参与方的生产效率。Kohler（2001）、Jones 等（2005）、Timmer 等（2014）利用传统贸易理论，分析落后国家在某些分工环节上有助于发挥其比较优势。吕延方（2011）探讨中国工业的生产分工效用时发现，我国资源和劳动密集型行业的生产分工水平在不断下降，而资本和技术密集型行业的生产分工水平在逐年上升，劳动力投入对生产分工具有负向影响，而资本投入显著地促进了中国的生产分工程度。也有不少学者基于新贸易理论进行了大量研究，Ishii 和 Yi（1997）指出，生产分工有助于降低企业成本，使各个生产环节实现规模经济效应。Chen 等（2004）分析认为，发展中国家的企业从国外购买中间投入品，可以缓解跨国企业在最终品市场上与分工合作国企业之间的竞争。Grossman 等（2005）认为，发展中国家具有丰富劳动力、较低的工资成本和投入品生产的基础市场，所以，发展中国家的生产分工会增加，并且发展中国家内部高效率企业会进行高端的生产分工合作。

对于经济全球化和生产分工的发展，部分学者沿着不同的方向分析生产分工业务的内在推进要素，主要是从微观视角探讨生产分工业务引起的生产组织结构变化，即跨国企业应该是采用直接投资垂直一体化的生产方式（如 FDI）还是采用国际贸易非一体化的生产方式（如生产分工）问题。Grossman 和 Helpman（1991）在一般均衡框架下分析生产分工与投资垂直一体化间的战略抉择，假定只有一种投入品，所有企业生产的产品品质相同，在生产率不同行业中面临的不完全合约概率有所不同，这使有的行业采取投资垂直一体化形式，有的行业采取生产分工形式，也就是说，该观点强调了生产率特征引起的契约不完全性对生产组织的决定性作用。Agrawal 等（2003）的分析中忽略了契约的不完全性，引入企业异质性，假定在投资垂直一体化中存在不完全契约，但并不比分工更有优势，存在两种投入品，其中一种只能由最终品制造商提供，另一种由最终品制造商或外部供应商提供，两种投入品的相对强度是决定采用投资垂直一体化还是生产分工的决定因素，在投入品仅有最终品制造商提供的部门中，多采用投资垂直一体化形式，在投入品可以由外部供应商提供的部门中，多采用生产分工的形式。Antràs 和 Helpman（2004）同时基于契约不完全性和公司异质性建立南北贸易生产模型，在分工与贸易同时存在情况下得出，达到均衡时，国家之间的工资差异、中间投入品贸易成本、企业生产率差异与谈判能力对组织形式会产生重要影响，总部强度低的企业不会采用投资垂直一体化形式，总部强度高的企业会把生产工序分工转移给发展中国家。

2.1.3　生产分工的测度

在实证文献中，多采用不同的测度方法和数据定量分析企业的生产分工强度，具体如下：

2.1.3.1　基于海关数据的测度

例如，美国的离岸外包组装数据项目、欧盟的加工贸易数据项目、中国的海关进出口贸易数据项目。美国的离岸外包组装数据项目是美国的贸易委员会在1930 年推行的关税方案，该项目的特点是企业海外加工的产品再进口到美国时，海关仅对国外产生的增值税征收关税，所以进口的商品数量经常用来度量离岸外包的程度。Coe 和 Helpman（1995）利用这一数据库分析，汇率变动如何影响美国企业的外包决策。对于一些发展中国家来说，加工贸易的分工合作，成为度量生产分工的狭义形式，即出口的零部件和原材料在国外加工以后再进口。

2.1.3.2　基于零部件或中间产品贸易数据的测度

该方法始创于 Blomström 和 Kokko（1998），他们认为，零部件包含 SITC（Rev. 2）第 7 大类和第 8 大类设备项目中有部件一词的所有商品种类。中间品的分类主要是依据联合国广义经济分类（BEC）方法，中间品又分为半成品和零部件，代表性研究有 Hummels 和 Klenow（2005）、赵增耀和沈能（2014）等。由于严格依赖贸易统计中的商品分类方法，在实际情形中，有些商品可能是中间产品也可能是最终产品，故仅靠贸易数据难以对此进行区分。

2.1.3.3　基于投入产出表的测度

一类方法是计算总生产投入中的直接中间品进口量，例如，Feenstra 和 Hanson（1999）定义了狭义的生产分工率：

$$OI_i = \sum_j \frac{M_{ij}}{N_i} \times \frac{P_j}{S_j}$$

OI_i 为 i 行业的广义生产分工率，M_{ij} 为 i 行业中使用的 j 行业中间投入品，N_i

表示 i 行业中使用的进口与国内的非能源投入品，P_j 为 j 行业的进口额，S_j 为 j 行业消费额，当只使用 i 行业中本行业的中间投入品进行计算时，就为狭义的生产分工率。之后，Jones 等（2005）使用进口的中间产品占行业总产出的比重，Koopman 等（2010）使用行业总进口中的中间产品份额对生产分工进行了改进。另一类方法是关注出口中的进口含量。例如，基于投入产出表，Hummels 等（2001）研究发现，13 国的生产分工程度从 1970 年的 16% 上升到 1995 年的 21%，生产分工可以解释对国家经济增长的 30%。Koopman 等（2010）使用线性规划的方法将一国的投入产出表分为一般贸易和加工贸易两类，研究发现，加工贸易对进口中间产品的使用密度更高。也有研究考虑了价值链的全球分布，即用全球投入产出表的数据衡量生产分工程度（Debaere 和 Mostashari，2007），Jones 等（2005）用附加值出口占比来衡量生产分工程度。Kumar（2001）对一国的总出口进行价值增值分解后发现，美国出口的国外价值增值占比为 11.8%，而中国为 56%。Hummels 等（2001）的方法是目前常用的生产分工测度方法，采用全球投入产出表方法包含了各国之间的投入产出关系，因而测度更为精确，其设定也比较合理。

2.2 关于出口国内附加值的研究

2.2.1 出口国内附加值的相关文献

国际贸易领域对出口国内附加值的阐释还缺乏统一含义。Hausmann 等（2005）对该领域进行了开创性研究，提出了出口国内附加值的有关概念。Lall 等（2005）将出口国内附加值定义为，各国全部出口产品的技术含量情况。Kasahara 和 Rodrigue（2008）对出口国内附加值的解释为，反映一国出口具有较高品质产品在全部出口产品中的比重。Hausmann 等（2007）指出，出口国内附加值包含了出口产品的价值、技术含量和生产效率等综合状况。

从目前该领域的研究看，出口国内附加值的高低往往与一国的技术和产出程度有关，因此不同学者展开了对出口国内附加值与技术、产出之间关联思想的相关研究。Xu（2007）认为，出口产品质量体现在一国的出口国内附加值中，不同国家相同产品的质量不同，导致出口相同产品的价格不同，这影响了一国的出口国内附加值。姚洋和张晔（2008）通过区分中间产品的国外技术贡献度和国内技术贡献度，构建了修正的出口国内附加值 EXPY 指数测度办法。Lall 等（2005）认为，出口国内附加值与一国的产出增长程度有很大关联，即一国出口国内附加值越高，那么其产出增长水平和速度越高。从另一个角度看，出口国内附加值与一国的贸易比较优势成正比，拥有高的出口国内附加值对其贸易优势具有巨大的推动作用。针对国际贸易过程中出现的新特征，出口国内附加值概念的提出将对这一领域研究提供全新视角。

2.2.2　出口国内附加值提升的影响因素

关于出口国内附加值的研究需要追溯到 Rodrik（2006）提出的出口贸易结构概念。近年来，学者们开始解释影响出口国内附加值的一些因素。

2.2.2.1　要素禀赋

祝树金等（2010）研究发现，技术禀赋促进了一国的出口国内附加值提升，而自然资源禀赋的作用为负。Hausmann 和 Rodrik（2003）发现，以人力资本和人口数量衡量的国家规模与出口国内附加值正相关。Kasahara 和 Rodrigue（2008）认为，出口国内附加值与人力资本有微弱的正相关，但与制度质量不相关。Johson（2014）发现，国家规模（GDP 和人口总量）比经济发展水平（人均 GDP 和人力资本）更能够解释一国的出口国内附加值与发达国家的相似性。

2.2.2.2　加工贸易与外商直接投资

Koopman 等（2010）研究认为，加工贸易和外商投资不能够解释中国与发达国家之间的出口结构差异，但可以解释中国出口单位价值的提升。Xu 和 Lu（2008）认为，中国出口国内附加值与外资企业的加工贸易正相关，与内资企业的加工贸易负相关。Lin 和 Saggi（2007）认为，FDI 提升了中国的出口国内附加值，但对发达国家的出口国内附加值提升不明显。郭晶（2010）认为，FDI 有助于一国的出口国内附加值提升和出口结构优化。黄永明和张文洁（2011）认为，中国各类产品的出口国内附加值都在上升，但加工贸易的出口技术要优于非加工贸易的出口技术。

2.2.2.3　金融、基础设施、固定投资等其他因素

王永进等（2010）认为，基础设施建设能够减少企业库存，降低企业调整成本，有利于出口国内附加值提升。齐俊妍等（2011）认为，金融能够缓解信息不

对称的逆选择问题，对高质量的贸易出口发展更为有利，因而金融支持可以促进一国的高技术含量产品的比较优势，从而提升出口国内附加值。陈晓华等（2011）强调，物质资本对出口国内附加值具有促进作用，例如，物质资本每提高 1%，就可以使东部地区的出口国内附加值提升 0.26%，但中部地区和西部地区的出口国内附加值分别提升 0.6% 和 0.5%。

2.2.3　出口国内附加值的测度

出口国内附加值的测度主要有出口复杂度方法、出口相似度方法和单位价值增值方法。

2.2.3.1　出口复杂度方法

Michaely（1984）提出的计算方法是对出口国的人均收入或人均 GDP 进行加权，以表示产品的技术含量。该方法忽略了国家规模的影响，对于一个小国而言，其出口产品在世界上占的份额很小，那么国家规模的影响完全没有，显然会造成数值的错误。Rodrik（2006）、Hausmann 等（2007）纠正了这一指标构造中的权重错误，通过构建 k 产品的技术复杂度 $prody_k$，权重为该国在该产品的显性比较优势 RCA，所以国家的出口复杂度就是 $prody_k$ 的加权平均数。

不过，该指标仍然引来很多批评，主要在于没有考虑不同国家出口产品的质量差异，如在 HS6 位数的分类上，不同国家出口产品的质量就有很大差异，所以又有很多学者提出了各自的修正思路，有如下三类：

第一类是纠正产品的贸易分布和生产分布的差异。杜修立和王维国（2007）认为，在计算出口国内附加值时，还需要区分这些产品是在发达国家还是在发展中国家生产的，所以，产品 k 的复杂度应该考虑各国产出在世界经济中的权重，即 $TC_k = \sum_c ps_{ck} \times Y_c$，这里，$ps_{ck} = q_{ck} / \sum_c q_{ck}$ 表示国家 c 在产品 k 中所占世界总产出的份额。各国产品层面的产出数据，以出口贸易依存度调整的贸易分布表示：

$$ps'_{ck} = \frac{x_{ck} / \sum_c x_{ck}}{td_c}$$

其中，td_c 是 c 国的出口贸易依存度，x_{ck} 是 c 国 k 产品的出口额。但该考虑还是存在缺陷，因为各国行业层面的出口倾向差异很大，产品层面的差异更大。因此，Van 等（2010）采用某国某产品的产值取代 RCA 指标中的产品出口额，经过计算发现，中国的电子产业出口复杂度接近预期。

第二类是纠正产品出口质量的差异。Xin（2000）认为，忽视产品质量将无法准确估计出口复杂度，因而，他给出的纠正方法为：

$$Q_{kc} = (q_{kc})^{\theta} \times prody_k$$

其中，$(q_{kc})^{\theta}$ 是质量乘数。

$$q_{kc} = \frac{p_{kc}}{\sum_k (\mu_{kc} p_{kc})}$$

p_{kc} 为国家 C 产品 k 的出口价格，$\sum_k (\mu_{kc} p_{kc})$ 为产品 k 出口价格的加权平均数，μ_{kc} 是国家 C 产品 k 的出口额占世界出口总量的比重，θ 是质量调整程度的参数。该办法可以识别低(高)复杂度产品种类中的高(低)质量产品，但 θ 的取值具有随意性，没有给出明确解释。

第三类是测度一国出口产品所包含的国内技术含量。姚洋和张晔（2008）认为，应对产品包含的国内技术含量的长期动态变化进行研究，首先依据 Hausmann 的方法计算产品 k 的技术复杂度指数 TSI，并采用 $expy_{ci}$ 的方法将之加总到部门层面，定义不可贸易部门 n 的 TSI_n 为其所服务的可贸易部门的加权平均值：

$$TSI_n = \sum_{r=1}^{Q} TSI_r \frac{\alpha_{nr}}{\sum_r \alpha_{nr}}$$

其中，TSI_r 为可贸易 r 部门的技术复杂度指数，α_{nr} 为直接消耗系数，j 为某种最终产品，i 为生产中的某种中间投入品，那么产品 j 的技术含量表示为：

$$V_j = \sum_{i \neq j} \alpha_{ij} TSI_i + \left(1 - \sum_{i \neq j} \alpha_{ij} \right) TSI_j$$

β_i 表示中间投入品 i 的进口量占使用总量的比重，则产品 j 的国内技术含量就为：

$$V_j^D = \sum_{i \neq j} \alpha_{ij} (1 - \beta_i) TSI_i + \left(1 - \sum_{i \neq j} \alpha_{ij} \right) TSI_j$$

目前，出口复杂度被广泛应用于衡量评价出口国内附加值，它的优势是在得不到研发和生产率数据的情况下，依靠贸易和收入数据就能够获得产品的技术特征。

2.2.3.2　出口相似度方法

Finger 和 Kreinin（1979）首次提出了出口相似度指数 ESI，用以测度出口篮子的相似度重叠情况。Amiti 和 Wei（2006）用该指数表示产品之间的出口国内附加值，计算办法为：

$$ESI_t^{cd} = \sum_p \min(S_{tp}^c,\ S_{tp}^d)$$

S_{tp}^c 为 t 年 c 国商品 p 的出口额占出口总额之间的比重，$ESI_t^{cd} \in [0,\ 1]$。当两国的出口结构完全相同时，$ESI_t^{cd} = 1$，当两国的出口结构完全不同时，$ESI_t^{cd} = 0$，当 d 国的技术先进时，ESI_t^{cd} 取值趋近于 1，表明 c 国的出口结构越复杂。唐海燕和张会清（2009）采用该指标分析发现，70%的发展中国家实现了出口国内附加值提升。在实际计算中，出口相似度指数还依赖于产品的细分程度，产品分类越详细，该指标值会越小。

2.2.3.3　单位价值增值方法

Amiti 和 Wei（2006）用出口产品的单位价值来衡量，即 $U_{kc} = \dfrac{V_{kc}}{Q_{kc}}$，$V_{kc}$ 和 Q_{kc} 分别表示出口额和出口数量。计算方法进一步修正为：

$$price_{kc} = \frac{U_{kc}}{\sum_c \left(\dfrac{x_{kc}}{\sum_c x_{kc}} U_{kc} \right)}$$

式中，$price_{kc}$ 为 c 国商品 k 的相对价格指数，$\sum_c \left(\dfrac{x_{kc}}{\sum_c x_{kc}} U_{kc} \right)$ 表示出口商品 k 单位价值的加权平均值，权重反映的是 c 国 k 产品的世界市场份额。Xu 和 Lu（2008）发现，中国出口贸易的相对价格是世界平均价格指数的 70%，单位价值指标更多反映的是各国生产成本的差异，所以用其表示出口结构或出口国内附加值并不准确。

2.3　关于要素禀赋结构的研究

从国际贸易研究视角，要素禀赋结构理论主要有以下几方面：

2.3.1　比较优势理论

用出口国内附加值衡量一国对外贸易标准，从一开始就赋予了一个假设前提，即出口国内附加值与一国人均生产总值相对应，高收入国家生产和出口的产品比低收入国家具有更高的出口国内附加值。Grossman 和 Helpman（1991）认为，在国际分工中，发达国家倾向于生产资本和技术密集型产品，发展中国家倾向于生产资源和劳动密集型产品，这样的国际贸易格局，使发达国家出口高质量与复杂技术的产品，而发展中国家出口低质量和低技术含量产品。可以看出，比较优势理论是出口国内附加值理论的前提基础。

Hummels 和 Klenow（2005）研究提出，比较优势同时影响了出口产品的纵向和横向发展两个角度，也就是说，一国拥有比较优势不仅使其生产分工地位上升，出口国内附加值提高，并且出口产品的范围更广、种类更多。Armington（1969）在早期理论中认为，当一国经济势力是他国的一半时，其出口量应该是他国的 1/2。Krugman（1996）在后续分析中认为，出口种类也应该是他国的 1/2。之后，学者的研究也支持这些论断，Kasahara 和 Rodrigue（2008）认为，发达国家不仅生产率高于发展中国家，而且生产出更具有出口国内附加值优势的高精尖产品。Mayer 和 Wood（2001）得出，一国的比较优势决定其出口产品的组合，并以非洲作为研究对象认为，非洲在出口初级产品上具有比较优势，要提高非洲生产分工地位就要提升生产技术水平。Leamer 等（1999）强调，发展中国家首先要获得生产分工的机会，在贸易数量提高的同时进入高端技术环节生产，以便提升出口国内附加值。

2.3.2　要素禀赋理论

要素禀赋理论认为，一国应该出口密集使用本国丰裕要素的产品，即本国的比较优势所在，应该进口本国稀缺要素的产品，即本国比较劣势所在。具有较高出口国内附加值的国家意味着出口产品的综合质量和技术含量较好，只有经济发展水平高的国家才能有雄厚的资本投入于高端技术研发，这与出口国内附加值概念的内涵逻辑相一致。姚洋和章林峰（2008）研究出口国内附加值时认为，一国劳动报酬越高，表明其生产和出口商品的价值也高，该价值是体现出口国内附加值的一个重要内容，因此，收入与出口国内附加值正相关这一假设前提蕴含在要素禀赋理论中。

出口国内附加值的本质可以通过禀赋理论解释。Grossman 和 Helpman（1991）认为，发达国家在资本和知识要素方面比较丰裕，出口国内附加值较高的产品是其比较优势。发展中国家在自然资源和劳动力要素方面比较丰富，出口自然资源和劳动力要素密集型产品相对便宜，从而其出口国内附加值较低。依据这样的要素禀赋理论，发达国家在高端产品和高技术含量环节进行生产，落后国家在低技术含量和低端产品环节进行生产。要素禀赋理论虽然不能完全解释现代国际贸易的实践活动，但它补充了出口国内附加值研究的理论基础。

2.3.3 产业内贸易理论

Dixit 和 Norman（1978）较早提出，要素禀赋相似的国家间会发生产业内贸易，后又发展了基于相互倾销模型的产品间贸易架构。Xin（2000）在系统考察中指出，相同目录下产品的价格不同是产品内复杂度差异的体现，中国有很多产品属于复杂类，但它们也可能属于低质量类，即中国的出口国内附加值可能被高估。

后来，经济学家将跨国投资、生产环节国际化纳入对产业内贸易的研究范畴。Markusen（2001）修正了 G—L 指数并从另一视角分析跨国企业的生产和销售在某种程度上会代替国际间的产业内贸易。Broda 和 Weinstein（2006）发现，国与国之间相似的需求与供给结构使得它们间的产业内贸易水平更高。在对中国出口国内附加值的解释中，许多研究认为跨国企业的生产分工（称为从事加工贸易）具有很大贡献。Van 和 Gangnes（2007）认为，中国的出口国内附加值提升是在生产分工环节中进口中间品的高复杂度导致的。Amiti 和 Freund（2008）分析指出，当把加工贸易出口从总出口中剔除时，中国的出口国内附加值并没有明显增加，因此中国的出口国内附加值提升是加工性贸易的结果，他们还简要说明外资大量注入也可能是出口国内附加值提升的一股重要力量。Xu 和 Lu（2008）认为，用传统的国际贸易理论解释出口国内附加值并不合适，因为一国出口的高复杂度最终品可能是其对进口的高复杂度半产品进行加工的结果，这不能说明该国具有这方面的比较优势。

2.3.4 异质性企业理论

传统国际贸易理论和新贸易理论都基于"产业"做研究，而新新贸易理论则基于"企业"做研究。经济学者纷纷开始考虑用企业的差异来解释国际贸易。以企业异质性为研究对象的新新贸易理论，延伸到了集约边际和扩展边际的角度，这种二元边际分析补充了已有理论。Bernard 和 Jensen（1999）认为，美国的出口企业具有全球最先进的生产力、最丰富的人力资源储备，并且美国的资本技术密集型企业能够获得高额的要素投入报酬，因此展开了对美国出口企业的详细研究，为新新贸易领域做出了开创性贡献。

后来，诸多经济学者从企业异质性假设出发，对出口国内附加值深化的解释更具有普遍适用性。基于 Hopenhayn（1992）引进垄断条件下产业动态贸易模型的理论基础，Melitz（2003）构建了以企业生产率差异为核心的企业出口选择行为模型，即后来的经典异质性企业模型。Bernard 等（2004）将 Helpman 和 Krugman（1985）模型中考虑的规模递增、不完全竞争和要素禀赋结合起来，说明企业异质性可以改变国际贸易的比较优势。Melitz 和 Ottaviano（2005）基于异质企业模型，研究了生产率与出口规模之间关系。钱学锋（2008）用新新贸易理论解释了出口扩张和出口类别增加的原因。Debaere 和 Mostashari（2007）指出，学术界开始重视二元边际对出口以及复杂度的影响是在企业异质性贸易理论之后展开的。

2.4 生产分工对出口国内附加值的影响效应研究

根据现有文献研究，生产分工对出口国内附加值的优化影响主要是通过生产分工的溢出效应，推动发展中国家的生产率提高，促进贸易商品多元化，高技术含量的生产分工有助于提升发展中国家的企业创新和出口能力，进而提升出口国内附加值。随着生产分工理论的成熟，经济学家在关注生产分工带来的经济利益以外，更多注意到了生产分工所产生的溢出效应，也只有溢出效应才能真正地改变中国的出口国内附加值。国内外学者对跨国企业生产转移的溢出效应进行了深入探讨，不断从 FDI 的溢出效应过渡到了生产分工的溢出效应研究。江心英和陈丽珍（2006）将溢出效应解释为，跨国企业的技术、研发、管理和人力资源等无形资产通过生产和其他渠道向东道国非自愿性扩散，促进了当地技术进步，而跨国企业却无法获得全部收益的行为。王晓红（2008）、李强和郑江淮（2013）认为，跨国企业在东道国开展国际化生产和服务活动时，自身的技术或相关知识自愿或非自愿地向东道国扩散，在这一过程中，东道国的生产力和创新能力得到巨大提高，资源使用效率也有很大改善，出口国内附加值实现了逐步提升。

2.4.1 技术溢出效应

大多数学者基于生产分工的技术溢出效应来研究生产分工的经济增长效应，例如，生产分工对技术创新的溢出效应具有促进作用（Singh 和 Marx，2012）。

Jenkins（1990）认为，生产分工引起产业链条上大量的企业空间集聚，加快了知识和技术传播速度，从而形成良好的技术创新环境，也发挥了技术溢出效应。Bartel 等（2004）认为，生产分工细化为产业链上的企业共享投入品提供了条件，降低了企业的研发风险，减少了企业的研发成本。Mitra 和 Sato（2006）以2003 年日本制造业数据为研究样本，分析了生产分工对技术效率的影响，发现大部分生产分工促进了技术效率提升。Gilbert 等（2008）结合 127 个地区的微观企业数据分析认为，生产分工显著促进了企业的技术创新水平。Gerlach 等（2009）研究认为，当企业参与生产分工后，更加愿意进行研发投资，从而拉动技术创新，这主要是由于产业链上参与生产分工企业的研发投资风险比未参与生产分工企业更低。Singh 和 Marx（2012）以美国各地区的专利数据为样本分析认为，生产分工促成了产业链上下游之间更为紧密，有利于关联技术创新，降低了技术进步过程中的障碍和复杂性。

国内这方面的研究较晚，主要以实证研究为主。符森（2009）采用空间计量模型研究发现，生产分工的技术外溢效应随着产业关联度缩小而迅速降低，引起技术外溢效应的主要原因是产业间的人才流动和知识交流。陈凤兰和张鹏飞（2022）从知识溢出效应的角度研究了生产分工与企业创新之间的关系，结果表明，高技术产业内和产业间的生产分工与行业技术创新呈正相关关系。刘维刚等（2017）采用地级市的数据分析认为，生产分工对大中型制造企业的创新产出提升较为明显，而对小企业不明显。刘庆林等（2010）基于产业协同视角，得出产业协同有助于增强生产分工带来的生产效率提升。戴一鑫等（2019）研究发现，生产分工能够产生知识溢出效应和资源配置效应，从而推动技术创新，政府干预和不良市场环境会阻碍这种作用发挥，民营企业和劳动密集型行业的这种正向促进作用更强。葛阳琴和谢建国（2018）分行业研究了生产分工对技术创新的差异作用，发现技术密集型行业的生产分工对创新效率提升较为突出，而劳动密集型行业和资源密集型行业的这种提升作用并不明显。

2.4.2　规模经济效应

根据不同结论对生产分工引起的规模经济效应进行划分如下：

2.4.2.1　生产分工推动了规模经济，实现了经济增长

Martin 和 Ottaviano（2001）将新经济地理理论和经济增长理论相结合，建立

了生产分工与经济增长的互相促进、互为因果模型，结果表明，生产分工通过专业化生产降低成本促进了经济增长，经济增长反过来也能加深生产分工更加专业化。Crozet 和 Koenig（2005）研究发现，生产分工能够显著促进经济增长，并且产业间投入产出关联度越高，生产分工的规模经济效应越突出，引起的经济增长促进作用越大。Ottaviano 和 Pinelli（2006）使用芬兰面板数据研究发现，生产分工显著促进了地区收入增长。张夏等（2020）、盛斌和赵文涛（2021）等研究表明，生产分工与经济增长之间呈现正相关关系。沈建飞（2018）研究发现，生产分工促进了地区的产业升级和经济增长。

2.4.2.2　生产分工会抑制规模经济，不利于经济增长

Sbergami（2002）考虑了内生性问题，研究不同行业的生产分工与经济增长之间的关系，结论表明生产分工对经济增长的影响为负相关。Henderson（2003）采用 70 个国家的面板数据分析表明，生产分工并不能够促进经济增长，对高收入国家甚至还会产生负面影响。Girma 和 Gorg（2004）采用我国城市面板数据研究表明，生产分工程度太低会抑制经济增长，并且在 1990 ~ 1997 年，我国大多数城市的生产分工参与程度都太低。杨文芳和方齐云（2010）研究了生产分工对经济增长的影响发现，劳动密集型行业的生产分工不利于经济增长。

2.4.2.3　生产分工所产生的规模经济效应不明显或者不明确

Bautista（2006）采用墨西哥制造业数据的研究表明，生产分工对经济增长没有促进作用，生产分工没有表现出规模经济效应。Gardiner 等（2011）认为，当生产分工处于不同的发展阶段时，生产分工所产生的规模经济效应是变化的，当生产分工程度较低时，产生的规模经济和增长效应是不明显的。Blyde 等（2015）从企业层面考察了生产分工的经济效应，认为生产分工的总体经济效应并不确定。王岚（2019）研究了资源密集型行业的生产分工对经济增长的影响，发现该行业的生产分工并没有产生规模经济，主要是因为产业结构不合理，以及人力资本支持不够。

2.4.3　正负向溢出效应

Upward 等（2013）分析了英国、法国、德国、日本的国际生产分工影响，发现国际生产分工转移对英国、法国、德国、日本的出口增长率产生正向影响效果。Koopman 等（2010）检验英国企业参与生产分工的溢出效应，得出生产分工程度每提高 1%，英国服务行业企业的技术效率将提升 0.05%。Gorg 等（2004）

运用爱尔兰电信行业数据验证国内企业与跨国公司的效率差距对爱尔兰企业溢出效应的影响，分析认为效率差距对溢出效应具有显著的正向影响。Ahsan 和 Musteen（2011）采用斯洛文尼亚的时间序列数据，研究表明，生产分工对国内本土企业和外资企业的溢出效应导致生产率的提升状况逐渐相同，本土企业技术效率的提高与生产分工份额的增加表现为正相关关系，也就是说，生产分工对国内企业具有显著的正向溢出效应。Antras 和 Chor（2013）使用印度尼西亚的贸易自由度指标，验证了中间品生产分工的溢出效应，结论表明，行业贸易自由度越高，生产分工对制造企业的溢出效应就越明显。

对生产分工溢出效应的分析，也有一些文献得出相反的结论，即不存在正向溢出或负向溢出效应。Wang 等（2013）研究台湾地区在近 10 年间吸收生产分工和 FDI 的溢出效应，表明生产分工和 FDI 对制造业生产率具有显著的负向溢出效应，对此解释是跨国企业的生产分工和 FDI 对本土企业技术效率提升产生了严重的挤出效应。Fang 等（2015）运用日本制造业的面板数据，检验跨国企业的离岸外包、生产转移和研发投入对本土制造业的技能升级和溢出效应，结果发现该溢出效应并不明显。Lopez 等（2015）利用哥伦比亚的数据，分析发现跨国企业与哥伦比亚企业间的过度市场竞争导致生产分工对国内企业产生了显著的负向溢出效应。

国内的研究大多从行业层面和企业层面展开，并且结论主要印证了正向溢出效应。王直等（2015）考虑了研发投入因素，在控制住地区和行业变量后发现，中间品生产分工的溢出效应主要来自人力资源流动而不是技术引进，进一步地，生产分工对地区技术效率的溢出效应显著为正，对行业技术效率的溢出效应不明显。韩中（2016）运用 1997～2012 年数据，分析中国各产业的生产分工状况及其对出口结构的影响，表明产业的劳动密集程度和生产率指标对生产分工有一定作用。樊茂青和黄薇（2014）利用中国 1997 年、2002 年、2007 年、2012 年 30个产业的企业样本数据，把生产分工进一步细化为垂直专业化，分析其对国际贸易竞争力的影响，认为垂直专业化有利于生产率和技术水平提高，垂直专业化分工促进了资本技术密集型行业的贸易竞争力，对劳动密集型行业贸易竞争力的提升具有负向溢出效应，表明劳动密集型行业参与垂直专业化生产分工的程度较低。杨连星和罗玉辉（2017）从外商投资和生产分工视角出发，就中国和美国的贸易逆差建立多元回归模型，并运用垂直专业化指标衡量生产分工参与程度，对中国和美国的贸易逆差分别进行格兰杰因果关系检验，结果表明，垂直专业化衡量的生产分工对中国和美国的贸易逆差具有正向促进作用。张会清和翟孝强（2018）测算了中国工业行业的分年度和分行业的生产分工程度，并实证分析其对中国进出口贸易的影响作用，结果发现，生产分工对中国工业行业出口贸易增长具有正向溢出效应，同时，生产分工比率上升在一定程度上推动了中国贸易顺差增加。

2.5　对已有文献的评述

本章回顾了生产分工理论、出口国内附加值理论、要素禀赋结构理论、生产分工对出口国内附加值的影响效应相关文献。就生产分工的影响效应而言，大多数研究认为，生产分工可以产生技术溢出效应，部分研究认为生产分工可以产生规模经济效应，部分研究认为生产分工会产生负向溢出，以及产生的规模经济效应也不确定。

综览相关文献可以发现：

第一，以往研究主要探讨生产分工对生产率、出口和就业等影响，研究其对出口国内附加值影响的文献不多，并且很少有研究对生产分工做了零部件分工、加工品分工、初级品分工类型的细化。

第二，现有研究结构比较单一，很少有文献能够从要素禀赋结构层面、地区层面、行业层面探讨生产分工对出口国内附加值的系统性分析。

第三，现有研究对生产分工影响出口国内附加值的作用机制缺乏深入探讨，尤其是对零部件分工、加工品分工、初级品分工各种分工的差异化传导途径没有深刻挖掘。

第四，现有研究没有考虑贸易自由化的影响，特别是缺少从贸易自由化对三类生产分工的调节作用和对作用机制的强化作用视角进行分析。

为此，本书聚焦于生产分工对出口国内附加值的影响：首先，探讨生产分工作用于出口国内附加值的影响机理、制约因素、作用机制等理论分析；其次，采用实证模型从要素禀赋结构层面、地区层面、行业层面分析零部件分工、加工品分工、初级品分工对出口国内附加值的影响；最后，探讨各类生产分工影响出口国内附加值的作用机制，论证贸易自由化对三种类型生产分工的调节作用和对作用机制的强化分析。

3 生产分工对出口国内附加值
影响的理论分析

　　根据已有文献研究，生产分工通过多种途径和机制提升了出口国内附加值。经济学者认为，一方面，随着技术进步和贸易自由化的深入，跨国企业所主导的生产分工网络获得迅速发展并不断深化，生产分工为发展中国家融入全球经济、实现技术进步和提升出口国内附加值提供了契机，亚洲"四小龙"的成功转型证明落后国家和地区可以凭借生产分工实现技术进步和出口国内附加值提升，中国以加工贸易作为突破口参与生产分工，已经成为全球生产分工体系的一支重要力量。另一方面，发展中国家在参与生产分工的过程中，面临着出口地位"固化"或"贫困化增长"的风险，生产分工并不意味着出口国内附加值必然会上升，也就是说，出口国内附加值提升是一个系统性工程，需要具备多方面的基础性支撑条件。Lall 等（2005）研究指出，巴基斯坦、斯里兰卡等国正是过度依赖低层次如纺织品的生产分工业务，使出口国内附加值处于全球低端价值链环节。经过 40 余年发展，中国在一些领域取得了技术进步，出口国内附加值已有了很大程度提升，面对以往单一"市场换技术"的生产分工政策，低技术含量、高资源消耗的生产分工引起贸易摩擦和流动过剩导致未来的价值链增值潜力有所丧失，生产分工战略的重心应该转向能够充分保障获取生产分工产生的溢出效应，因而需要构建一个新的理论框架更好地解释生产分工对出口国内附加值的影响作用。

　　本章内容：首先，从理论基础角度剖析生产分工对出口国内附加值的影响，并结合技术溢出效应和规模经济效应两个视角进行阐释；其次，从要素禀赋结构差异、地区差异、行业差异几个角度分析生产分工影响出口国内附加值的制约因素；最后，深入挖掘生产分工影响出口国内附加值的几个作用机制，以及贸易自由化的拓展作用。

3.1 影响机理

3.1.1 理论模型

本书在 Acemoglu 等（2012）的基础上构建产品周期模型，以说明生产分工影响出口国内附加值的提升机制。先假定发达国家和发展中国家存在要素禀赋和技术能力的差异，发达国家有丰富的高技能劳动力，因而在产品的技术创新过程中拥有比较优势，而发展中国家拥有丰富的低技能劳动力，要素禀赋则体现在产品的生产制造方面。模型预期是，发达国家向发展中国家进行的生产分工技术转移充分利用了其要素禀赋结构优势，从长期看，发达国家可以把节省的要素资源投入到研发中，从而提升了其技术效率，而发展中国家也能够从生产分工中获得技术转移。

3.1.1.1 模型设定

假设存在两个国家和两种生产要素，发达国家 w 和发展中国家 e，高技能劳动力 h 和低技能劳动力 l，两类劳动的供给数量给定。发达国家拥有 H 单位的高技能劳动力和 L_w 单位的低技能劳动力，假设发展中国家的高技能劳动力比较短缺，拥有 L_e 单位的低技能劳动力。新技术首先在发达国家生产，然后发展中国家支付一定的成本后才被允许引进。假定家庭的效用函数为：

$$U = \int_0^\infty e^{-\rho t} \ln C_t dt \qquad (3-1)$$

式中，$\rho > 0$ 表示贴现率。在跨期预算约束和非蓬齐博弈条件[①]下，家庭消费的欧拉方程如下：

$$\dot{C}_t / C_t = r_t - \rho \qquad (3-2)$$

式中，r_t 为 t 时期的利率，横截性条件为：

---

① 跨期预算约束条件表述为：$\int_0^\infty e^{-r(t)} C(t) dt \leq A(0) + \int_0^\infty e^{-r(t)} w(t) dt$，$r(t) = \int_0^t r(s) ds$ 表示 t 期的累计利率，$A(0)$ 为初期的资产价值，$C(t)$ 为消费支出，$w(t)$ 为工资收入。这里用消费者资本持有量的极限行为表示其预算约束，$\lim\limits_{s \to \infty} e^{-r(s)} A(s) \geq 0$，$A(s)$ 为 s 时期消费者的资本拥有量，即非蓬齐博弈条件。

$$\lim_{t \to \infty}\left[\exp\left(-\int_0^t r_s ds\right)w_t\right] = 0 \tag{3-3}$$

式中，w_t 是家庭拥有的财富[①]。具体而言，最终产品 Y 可以用于消费或投资，生产函数如下所示：

$$Y = \left(Y_l^{\frac{(\varepsilon-1)}{\varepsilon}} + Y_h^{\frac{(\varepsilon-1)}{\varepsilon}}\right)^{\frac{\varepsilon}{(\varepsilon-1)}} \tag{3-4}$$

式中，Y_l 和 Y_h 是可贸易产品，ε 为两部门之间的替代弹性，Y 作为计价物，基于利润最大化，产生逆需求函数如下：

$$P_l = (Y/Y_l)^{\frac{1}{\varepsilon}}, \quad P_h = (Y/Y_h)^{\frac{1}{\varepsilon}} \tag{3-5}$$

式中，P_l 和 P_h 分别是 Y_l 和 Y_h 的世界市场价格，可以得到：$P_h/P_l = (Y_l/Y_h)^{\frac{1}{\varepsilon}}$，这里有：$(P_l^{1-\varepsilon} + P_h^{1-\varepsilon})^{\frac{1}{(1-\varepsilon)}} = 1$。

两个部门 Y_l 和 Y_h 的生产需要中间投入品，各自投入高技能和低技能劳动力，生产技术函数表示为：

$$Y_l = E_l\left(\int_0^{A_l} x_{l,i}^\alpha di\right)^{\frac{1}{\alpha}}, \quad Y_h = E_h\left(\int_0^{A_h} x_{h,i}^\alpha di\right)^{\frac{1}{\alpha}} \tag{3-6}$$

式中，$x_{l,i}(x_{h,i})$ 是中间投入品 $i \in [0, A_l]$（$i \in [0, A_h]$）的产量，$\sigma \equiv \dfrac{1}{1-\alpha}$ 是任意两种中间投入品之间的替代弹性。类似于水平创新模型，中间产品的种类个数分别代表两个部门 A_l 和 A_h 的技术水平：

$$E_l \equiv (A_l)^{\frac{2\alpha-1}{\alpha}}, \quad E_h \equiv (A_h)^{\frac{2\alpha-1}{\alpha}} \tag{3-7}$$

式（3-7）表示技术溢出，中间投入品的逆需求函数为：

$$P_{l,i} = P_l E_l^\alpha Y_l^{1-\alpha} x_{l,i}^{\alpha-1}, \quad P_{h,i} = P_h E_h^\alpha Y_h^{1-\alpha} x_{h,i}^{\alpha-1} \tag{3-8}$$

$P_{l,i}(P_{h,i})$ 是中间投入品 $i \in [0, A_l]$（$i \in [0, A_h]$）的价格。每一种中间投入品都有一个垄断厂商使用规模报酬不变的技术进行生产，可得：

$$x_{l,i} = l_i, \quad x_{h,i} = zh_i \tag{3-9}$$

式中，$l_i(h_i)$ 是低技能劳动力（高技能劳动力）的投入数量，$z \geqslant 1$，需求函数

---

① 具体表示为：$w_t = \int_0^{A_{h,t}} v_{j,t} dj + \int_0^{A_{l,t}} v_{j,t} dj$，$v_{j,t} = \int_t^\infty \exp\left[-\int_t^s r_s ds^t\right]\pi_{j,s} ds$，其中 $\pi_{j,s}$ 是 $s \in \{l, h\}$ 部门 j 中间产品生产企业的利润，$A_{s,t}$ 是 s 部门中间产品的种类数。

弹性固定为 $\sigma \equiv \frac{1}{1-\alpha}$。厂商定价采用边际成本乘以固定加成率 $1/\alpha$，$P_{h,i} = (w_h/z)/\alpha$ 和 $P_{l,i} = (w_{l,w})/\alpha$ 分别表示发达国家和发展中国家的中间品价格。w_h 为高技能劳动力的工资，$w_{l,c}$ 是 $c \in \{e, w\}$ 国家的低技能劳动力工资，可得利润为：

$$\pi_{l,i} = (1-\alpha)p_{l,i}x_{l,i}, \quad \pi_{h,i} = (1-\alpha)p_{h,i}x_{h,i} \tag{3-10}$$

3.1.1.2 技术外生时的均衡

先看短期生产分工时的效率，生产分工程度 κ 和技术水平 (A_l, A_h) 都是外生给定，且 $\kappa < \bar{\kappa} \equiv \frac{L_e}{L_e + L_w} < 1$。假定 $\kappa < \bar{\kappa}$，意味着参与生产分工的企业不会在发达国家进行生产，发达国家有 κA_l 家企业，发展中国家有 $(1-\kappa)A_l$ 家企业。

发达国家和发展中国家的任意中间产品产出为：

$$x_h = \frac{zH}{A_h}, \quad x_{l,w} = \frac{L_w}{(1-\kappa)A_l}, \quad x_{l,e} = \frac{L_e}{\kappa A_l} \tag{3-11}$$

可以得到发达国家和发展中国家的非技能劳动力工资差距为：

$$\frac{w_{l,w}}{w_{l,e}} = \frac{P_{l,w}}{P_{l,e}} = \left(\frac{x_{l,w}}{x_{l,e}}\right)^{\alpha-1} = \left(\frac{L_e}{L_w} \times \frac{1-\kappa}{\kappa}\right)^{1-\alpha} \tag{3-12}$$

当 $\kappa < \bar{\kappa}$ 时，$w_{l,w} > w_{l,e}$。随着 κ 的增长，越来越多的生产活动被转移到发展中国家，发达国家的低技能劳动力需求下降，而发展中国家的低技能劳动力需求上升，工资差距会缩小。当 κ 给定外生时，发达国家和发展中国家的低技能劳动力之间的替代弹性为：$\sigma \equiv \frac{1}{1-\alpha}$。

生产分工对低技能劳动力部门产出 Y_l 的世界价格 P_l 影响，由价格计算公式：$P_l = A_l^{-1} \left[\kappa p_{l,e}^{1-\sigma} + (1-\kappa) p_{l,w}^{1-\sigma}\right]^{1/(1-\sigma)}$，得到垄断竞争价格时，边际成本的一个固定加成为 $(1/\alpha)$，即：

$$\frac{\partial p_l^{1-\sigma}}{\partial \kappa} = (A_l \alpha)^{\sigma-1} (w_{l,e}^{1-\sigma} - w_{l,w}^{1-\sigma}) \tag{3-13}$$

那么根据模型设定，当 $\kappa < \bar{\kappa}$，$w_{l,w} > w_{l,e}$，因而 $\frac{\partial p_l^{1-\sigma}}{\partial \kappa} > 0$，$\frac{\partial p_l}{\partial \kappa} < 0$。本文将研究生产分工带来的成本节约以及部门生产率提升，进一步由式（3-13）可以看出，这一效率收益取决于发达国家和发展中国家的低技能劳动力替代弹性 σ 和工资差距 $(w_{l,e} - w_{l,w})$。

将式（3-11）代入式（3-6），结合式（3-7），从而得出低技能劳动力部门的世界产出总量为：$Y_l = A_l \hat{L}$，其中，$\hat{L} = (\kappa^{1-\alpha} L_e^\alpha + (1-\kappa)^{1-\alpha} L_w^\alpha)^{\frac{1}{\alpha}}$。$\hat{L}$ 是发达国家和发展中国家的低技能劳动力禀赋的加权平均数，其权重取决于生产分工程度 κ，产出 Y_l 随着中间产品种类数 A_l 线性增长。$\dfrac{dY_l}{d\kappa} = A_l \times \dfrac{1-\alpha}{\alpha} \hat{L}^{1-\alpha} \left[\left(\dfrac{L_e}{\kappa} \right)^\alpha - \left(\dfrac{L_w}{1-\kappa} \right)^\alpha \right]$，有 $\lim\limits_{\kappa \to 0} \dfrac{dY_l}{d\kappa} = \infty$，$\lim\limits_{\kappa \to \bar{\kappa}} \dfrac{dY_l}{d\kappa} = 0$。当 $\kappa \to 0$，这一效率收益趋向于无穷大，相反，$\kappa \to \bar{\kappa}$，趋向于零，即生产分工程度上升时，效率收益出现递减趋势。

效率收益的大小取决于三个因素，发达国家和发展中国家的低技能劳动力替代弹性越小，生产分工程度较低，发展中国家的低技能劳动力要素禀赋相对丰富时，效率收益较大。

对于高技能劳动力密集部门来说，将式（3-11）中的 x_h 代入式（3-6），结合式（3-7）可得：

$$Y_h = A_h z H \tag{3-14}$$

同时，将利润表达式重新表述为：

$$\pi_h = (1-\alpha) P_h H, \quad \pi_{l,w} = (1-\alpha) P_l \hat{L}^{(1-\alpha)} \left(\frac{L_w}{1-\kappa} \right)^\alpha, \quad \pi_{l,e} = (1-\alpha) P_l \hat{L}^{(1-\alpha)} \left(\frac{L_e}{\kappa} \right)^\alpha$$
$$\tag{3-15}$$

3.1.1.3 内生技术进步

本部分将生产分工的技术进步内生化，主要关注平衡增长路径上的生产分工程度。假定企业创新时，面临的固定成本和启动成本分别为 μ 和 f，部分中间产品进行全球生产分工转移，发达国家给的利润为 $\tilde{\lambda} \leq 1$，$\tilde{\lambda}$ 出现可能是契约不完善或者敲竹杠问题使发展中国家获得的部分转移利润，当然也有可能是发展中国家的知识产权保护机制不完善导致的。v_h 为高技能劳动密集型部门的企业价值，其满足哈密尔顿—雅可比—贝尔曼方程（HJB）如下：

$$rv_h = \pi_h + \dot{v}_h \tag{3-16}$$

式中，v_l^0 表示支付了生产分工启动成本后的企业价值，v_l 表示发达国家进行生产的低技能劳动力密集型行业的企业价值，这些价值函数由 HJB 方程决定：

$$rv_l^0 = \max\{\pi_{l,w}, \ \tilde{\lambda} \pi_{l,e}\} + \dot{v}_l^0, \quad rv_l = \max\{\pi_{l,w} + \dot{v}_l, \ r(v_l^0 - f)\} \tag{3-17}$$

自由进入行业的条件为：$v_l^0 - v_l \leq f$，$v_l \leq \mu$ 或 $v_h \leq \mu$。在平衡增长路径上，如

果产品创新和选择生产分工为正，则有：

$$v_l = v_h = \mu, \quad v_l^0 = f + \mu \tag{3-18}$$

这些条件，连同 HJB 方程，决定了在平衡增长路径上的利率水平：

$$r = \frac{\widetilde{\lambda}\pi_{l,e} - \pi_{l,w}}{f} = \frac{\pi_{l,w}}{\mu} = \frac{\pi_h}{\mu} \tag{3-19}$$

该方程决定了平衡增长路径上的生产分工程度 κ 和技术水平 A_h/A_l。生产分工指数为 λ，$\lambda \equiv \widetilde{\lambda}/(1+f/\mu)$，其取值为 $[0, 1]$，式（3-19）中存在有 $\lambda\pi_{l,e} = \pi_{l,w}$ 关系，代入式（3-15），可以得出，在平衡增长路径上生产分工程度为：

$$\kappa = \left(1 + \lambda^{\frac{1}{\alpha}}\frac{L_w}{L_e}\right)^{-1} \tag{3-20}$$

发达国家的知识产权保护比较完善，即 $\widetilde{\lambda}$ 较大，生产分工成本较低，即 f 较小，生产分工机会较多，即 λ 较大。另外，发展中国家的低技能劳动力越丰富，即 L_e 越大，生产分工就越有吸引力。

利用式（3-20）可以得出，在平衡增长路径上的发达国家与发展中国家的工资差距和低技能劳动力供给为：

$$\frac{w_{l,w}}{w_{l,e}} = \lambda^{(\alpha-1)/\alpha}, \quad \hat{L} = \left[\frac{\lambda^{(\alpha-1)/\alpha}L_e + L_w}{(L_w + \lambda^{1/\alpha}L_e)^{1-\alpha}}\right]^{\frac{1}{\alpha}} \tag{3-21}$$

考虑两部门之间在平衡增长路径上的相对价值，意味着 $v_h/v_l = \pi_h/\pi_l$。将其替代式（3-15）中的利润，可得：

$$\frac{v_h}{v_l} = \frac{p_h}{p_l} \times \frac{zH}{\hat{L}^{1-\alpha}\left(\dfrac{L_w}{1-\kappa}\right)^{\alpha}} = \left(\frac{A_l\hat{L}}{A_hH}\right) \times \frac{zH}{\hat{L}^{1-\alpha}\left(\dfrac{L_w}{1-\kappa}\right)^{\alpha}} \tag{3-22}$$

以式（3-5）代替 p_h/p_l，并结合式（3-13）和式（3-22）得出，加上平衡增长路径上的技术市场出清条件 $v_l = v_h$，代入式（3-22）得到技术水平为：

$$\frac{A_h}{A_l} = (zH)^{\varepsilon-1}\hat{L}^{(1-\varepsilon+\varepsilon\alpha)}\left(\frac{1-\kappa}{L_w}\right)^{\varepsilon\alpha} \tag{3-23}$$

进一步可以得出：

$$\frac{d\ln(A_h/A_l)}{d\lambda} = \left[(1-\varepsilon+\varepsilon\alpha)\frac{d\ln\hat{L}}{d\kappa} - \frac{\varepsilon\alpha}{1-\kappa}\right]\frac{d\kappa}{d\lambda} \tag{3-24}$$

当 $\sigma > \varepsilon$ 时，发达国家与发展中国家的低技能劳动力替代弹性，大于高技能劳动力与低技能劳动力的替代弹性时，此时 κ 取值较小，$\dfrac{d\ln\left(\dfrac{A_h}{A_l}\right)}{d\lambda}>0$，因为 $\kappa\to$

0，$d\dfrac{\ln\hat{L}}{d\kappa}\to\infty$，相反，$\kappa$ 取值较大时，$\kappa\to\bar{\kappa}$，$d\dfrac{\ln\hat{L}}{d\kappa}\to0$。也就是说，在 $\sigma>\varepsilon$ 时，生产分工转移合作的机会增加导致了偏向型技术进步，当 $\sigma<\varepsilon$ 时，该结果则相反。

从长期看，消费的欧拉方程 $g=r-\rho$ 与利率和增长率相关，利率由创新的自由进入条件决定，$r=\dfrac{\pi_h}{\mu}$，将式（3-16）代入 π_h，结合式（3-4）、式（3-5）、式（3-15）、式（3-22）可以得出：

$$r=\frac{1-\alpha}{\mu}\left\{\left[\hat{L}^{1-\alpha}(L_w+\lambda^{\frac{1}{\alpha}}L_e)^{\alpha}\right]^{(\varepsilon-1)}+(zH)^{\varepsilon-1}\right\}^{\frac{1}{(\varepsilon-1)}} \tag{3-25}$$

既然 $\dfrac{d\hat{L}}{d\lambda}>0$，参与生产分工机会增加将提高平衡增长路径的利率，继而是增长率。Y，Y_l，Y_h，A_l，A_h 都以相同的速率 g 增长，当 $\rho\sigma\mu<\min\{L_w, zH\}$ 时，g 严格为正[①]。结合以上分析，从长期看，生产分工提升了一国的技术进步速度，最终导致出口国内附加值的提升效应。

3.1.2 机理分析

从理论上看，生产分工可能会通过技术溢出效应和规模经济效应等产生正向外部性，从而对出口国内附加值产生积极影响，下面对这两种效应进行分析。

3.1.2.1 技术溢出效应

生产分工产生的技术溢出效应是出口国内附加值提升的主要源泉。技术溢出效应即技术外部性，主要指通过交流沟通的方式将知识信息、新技术、经验从一个市场主体传播到另一个市场主体的过程（Mitra 和 Sato，2006）。

第一，生产分工有利于信息、知识、技术和新工艺的交流传播。生产分工使得上下游企业或者是同处一个产业层面的企业密切相连，而企业的紧密联系促使

---

① 在平衡增长路径上，$v_l=v_h=\mu$ 和 $v_l^0=f+\mu$，其横截性条件变为：$\lim\limits_{t\to\infty}\left[\exp\left(-\int_0^t r_s ds\right)(A_{h,t}\times\mu+A_{l,t}(\mu+\kappa f))\right]=0$，当 A_l 和 A_h 以 g 的速度增长，$r=g+\rho>g$，该条件在唯一的平衡增长路径上得到满足。

企业间日常业务往来和员工交流更加频繁，从而促进先进技术和知识的学习交流，这些都会导致技术创新的扩散，进而提高整个产业链的技术进步。

第二，生产分工强化了技术创新的动机。生产分工降低了企业的边际成本，利润增加会刺激企业创新，从而提高企业技术进步。从企业的战略管理角度看，生产分工是企业为了获得竞争优势而采取的战略措施，通常企业会转移部分生产环节，为高附加值的环节生产释放资源。

第三，生产分工提高了技术创新的效率。专业化生产特定产品的某个环节，企业可以积累消费者需求和生产组织等信息，从而进行有效率的创新和生产。同时，生产分工形成的全球生产网络可以提高技术创新的效率，生产商和供应商通过建立研发联盟，可以使企业避免对无价值技术的过度投资。

生产分工带来的技术溢出效应在一些经验研究中有直接或间接的验证。Puga 和 Trefler（2010）发现，跨国公司有动机将生产活动置于低工资国家，并鼓励供货商进行渐进式创新。Egger（2003）认为，企业增加了研发投入以吸收进口中间产品的先进技术。Bardhan 和 Kroll（2003）发现，中间品进口能够产生动态的贸易收益。Kugler 和 Verhoogen（2012）认为，生产率高的企业会投入质量好的中间品，而这会提升最终品的质量。

在全球生产分工合作中，发达国家的技术溢出可以促进发展中国家的技术能力提升和经济增长。王勇和沈仲凯（2018）认为，亚洲四小龙正是利用了生产分工合作机会，在制造业领域完成了结构升级。2018 年，世界银行在其报告中指出，发展中国家企业通过参与生产分工，获得发达国家的技术溢出，继而促进了其出口国内附加值提升。《2019 年世界投资报告》也曾指出，生产分工使发展中国家通过技能培养，提升其生产能力并促进了产业升级的机会。

3.1.2.2 规模经济效应

生产分工的规模经济效应对出口国内附加值的提升具有正向外部性。基于新贸易理论的发展，生产分工可以提升企业的规模经济效益，从而达到节约成本和提升生产效率的目的。

第一，生产分工会促使企业成本降低。生产分工为企业降低成本提供了契机，生产分工所形成的产业集聚会成为一个诸多生产要素的蓄水池，知识、技术、设备、信息、劳动力等生产要素的供给越多，平均生产成本越低。当企业能够以一个较低的成本享受公共设施、信息资源和相关服务机构时，那么在该区域更容易形成规模经济，企业间的生产分工合作更加密切，能降低沟通成本和搜寻成本，极大地解决了信息不对称问题。

第二，生产分工的规模效应有助于扩大市场。面对市场上层出不穷的新产品和新需求，企业之间的生产分工合作可以迅速应对市场需求（陈虹和徐阳，2019）。生产分工还会形成品牌效应，科技企业或高新技术企业在拓展市场规模时会形成一定的知名度，品牌效应有助于吸引大量的产品需求者，在降低营销和宣传成本时扩大了市场规模。

第三，生产分工促进产业的专业化发展，进一步提高生产效率。生产分工意味着企业在特定的产品生产过程中，集中配置各类要素资源，进而产生该产品的规模经济效应，产生专业化优势。根据李嘉图的比较优势理论，产业链上下游的分工协作有助于发挥集体效率。不同市场主体间的分工协作会促使劳动者获取熟练的技能，这促进了技术进步，提高了生产效率。随着生产分工的深入，企业的核心产业生产规模会不断壮大，在此基础上，其他关联产业会应运而来，并得到发展。此后，该过程经过不断循环，使产业链的专业化水平持续提高。

生产分工的技术溢出效应和规模经济效应对出口国内附加值的影响如图 3-1 所示。

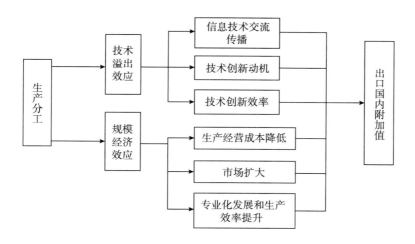

图 3-1　生产分工的技术溢出效应和规模经济效应的影响机理

3.2 制约因素

3.2.1 理论模型

尽管参与不同水平生产分工对出口国内附加值有显著提升效果，但经验性研究结论却有很大差异，尤其是国外的相关性研究。唐海燕和张会清（2009）认为，出口国内附加值提升具有自我积累性和路径依赖性，发展中国家的要素禀赋结构优势有助于出口国内附加值提升，尤其是在转型国家，对生产分工具有较强的要素禀赋结构优势意味着发达国家与发展中国家企业之间的技术差距收敛速度较快。这说明国内企业虽然抓住了对生产分工转移的机遇，但发展中国家企业的技术积累乏力，没有足够的能力去模仿和学习先进技术，最终使生产分工技术转移的溢出效应大打折扣，因此，发展中国家的要素禀赋与出口国内附加值的提升具有重要关系。也就是说，只有提升自身的要素禀赋结构优势，才能够将生产分工转移的溢出效应内生化，从而推动出口国内附加值提升。

通过对已有文献梳理，本书结合产业自我积累和路径依赖条件，对要素禀赋结构的研究主要从人力资本、所有制结构、金融发展、制度服务等方面着手。可以认为，进一步考虑要素禀赋结构变化作用视角，为深入理解生产分工影响出口国内附加值提升提供了更为科学合理的解释。

Higon（2007）认为，具有一定要素禀赋结构优势能力的企业才能够有效获取生产分工转移的溢出效应，实现生产和出口的积累，对出口国内附加值提升发挥作用，相反，要素禀赋结构优势能力弱的企业无法有效获取生产分工转移的溢出效应。基于此，为了反映在考虑要素禀赋结构作用下，生产分工对出口国内附加值的影响效果，本书构建一个考虑要素禀赋结构的分析模型：

$$G_{i,t} = g\left[\alpha_0 + \phi_{i,t}\left(R_{i,t}^a + S_{i,t}^b + M_{i,t}^c + T_{i,t}^d\right)\right] \tag{3-26}$$

式中，$G_{i,t}$ 表示产业 i 在 t 时期内的出口国内附加值，α_0 表示初始条件下的出口国内附加值，$\phi_{i,t}$ 表示要素禀赋结构变化视角下出口国内附加值的提升效果，$R_{i,t}^a$ 表示行业 i 在 t 时期内的人力资本 a，$S_{i,t}^b$ 表示行业 i 在 t 时期内的所有制结构 b，$M_{i,t}^c$ 表示行业 i 在 t 时期内的金融发展 c，$T_{i,t}^d$ 表示行业 i 在 t 时期内的制度服务 d，假设生产分工转移的技术水平要高于国内企业技术，本土企业根据自身的技术水平选择适用度相匹配的先进技术进行学习和模仿，从而保证有效获取生产分工转移的溢出效应，即生产分工的溢出效应表示为：

$$\phi_{i,t}=\phi(\alpha_0,\ \beta_{i,t}) \tag{3-27}$$

式中，β 表示生产分工的技术适用度，就有：

$$\frac{\partial\phi_{i,t}}{\partial\alpha_0}>0,\ \ \frac{\partial^2\phi_{i,t}}{\partial\alpha_0^2}<0,\ \ \frac{\partial\phi_{i,t}}{\partial\beta_{i,t}}<0 \tag{3-28}$$

可以看出，要素禀赋结构变化作用下的出口国内附加值提升效果 $\phi_{i,t}$ 是初始条件下出口国内附加值 α_0 的凹函数，也就是说，要素禀赋结构变化对出口国内附加值提升的影响是非线性的。生产分工的溢出效应与企业的初始要素禀赋结构是成正比的，因此，发展中国家完全有可能利用这一后发优势实现技术赶超。Verspagen（1992）认为，出口国内附加值的自我积累和路径依赖意味着出口国内附加值都是在已有基础上的不断提升。随着生产分工的技术转移，较强的要素禀赋特征使发展中国家企业可以有效地模仿和学习跨国企业的先进技术，而发展中国家的要素禀赋特征不强则抑制了生产分工转移的溢出效应，无法提升出口国内附加值。这说明，如果某一产业的人力资本、所有制结构、金融发展和制度服务能够形成对生产分工转移产生较强的适应性条件和比较优势，那么通过向生产分工转移的先进技术模仿和学习，就能够有效获得生产分工转移的溢出效应，从而促进出口国内附加值提升。本书将方程（3-26）进行扩展后，得到：

$$G_{i,t}=\alpha_0+\phi_{i,t}\left[\mu_w^i+\nu_w^i+\sigma_w^i+\tau_w^i\right]$$

$$=\alpha_0+\phi_{i,t}\left[\left(\mu_0^i+\alpha\mu_s^ie^{-\frac{\mu_0^i}{\delta\mu^i}}\right)+\left(\nu_0^i+\alpha\nu_s^ie^{-\frac{\nu_0^i}{\delta\nu^i}}\right)+\left(\sigma_0^i+\alpha\sigma_s^ie^{-\frac{\sigma_0^i}{\delta\sigma^i}}\right)+\left(\tau_0^i+\alpha\tau_s^ie^{-\frac{\tau_0^i}{\delta\tau^i}}\right)\right] \tag{3-29}$$

式中，μ_0^i、ν_0^i、σ_0^i、τ_o^i 分别表示产业的人力资本、所有制结构、金融发展和制度服务的初始水平，$\alpha\mu_s^ie^{-\frac{\mu_0^i}{\delta\mu^i}}$、$\alpha\nu_s^ie^{-\frac{\nu_0^i}{\delta\nu^i}}$、$\alpha\sigma_s^ie^{-\frac{\sigma_0^i}{\delta\sigma^i}}$、$\alpha\tau_s^ie^{-\frac{\tau_0^i}{\delta\tau^i}}$ 分别表示生产分工对产业的人力资本、所有制结构、金融发展和制度服务的溢出效应，$\delta\mu^i$、$\delta\nu^i$、$\delta\sigma^i$、$\delta\tau^i$ 分别为产业的人力资本、所有制结构、金融发展和制度服务的要素禀赋结构优势。进而考察产业的人力资本、所有制结构、金融发展和制度服务的初始状态对出口国内附加值 $G_{i,t}$ 的边际函数，即反映产业的人力资本、所有制结构、金融发展和制度服务对出口国内附加值的影响作用，对 $G_{i,t}$ 函数中的 μ_s^i、ν_s^i、σ_s^i、τ_s^i

求一阶偏导数，得到：

$$
\begin{cases}
\dfrac{\partial G_{i,\,t}}{\partial \mu_s^i} = \alpha e^{-\frac{\mu_0^i}{\delta \mu^i}} - \alpha \dfrac{\mu_s^i}{\delta \mu^i} e^{-\frac{\mu_0^i}{\delta \mu^i}} \\[4mm]
\dfrac{\partial G_{i,\,t}}{\partial \nu_s^i} = \alpha e^{-\frac{\nu_0^i}{\delta \nu^i}} - \alpha \dfrac{\nu_s^i}{\delta \nu^i} e^{-\frac{\nu_0^i}{\delta \nu^i}} \\[4mm]
\dfrac{\partial G_{i,\,t}}{\partial \sigma_s^i} = \alpha e^{-\frac{\sigma_0^i}{\delta \sigma^i}} - \alpha \dfrac{\sigma_s^i}{\delta \sigma^i} e^{-\frac{\sigma_0^i}{\delta \sigma^i}} \\[4mm]
\dfrac{\partial G_{i,\,t}}{\partial \tau_s^i} = \alpha e^{-\frac{\tau_0^i}{\delta \tau^i}} - \alpha \dfrac{\tau_s^i}{\delta \tau^i} e^{-\frac{\tau_0^i}{\delta \tau^i}}
\end{cases}
\tag{3-30}
$$

由方程组（3-30）可知，只有当产业的人力资本、所有制结构、金融发展和制度服务相对于初始水平有足够的提升空间，这时 $\dfrac{\mu_s^i}{\delta \mu^i}$、$\dfrac{\nu_s^i}{\delta \nu^i}$、$\dfrac{\sigma_s^i}{\delta \sigma^i}$、$\dfrac{\tau_s^i}{\delta \tau^i}$ 逐步趋向于 0，才能够有效获得生产分工的溢出效应，提升出口国内附加值。另外，将产业的人力资本、所有制结构、金融发展和制度服务的提升空间定义为：

$$
\mu^i = \ln\left(\frac{\mu_w^i}{\mu_s^i}\right),\quad \nu^i = \ln\left(\frac{\nu_w^i}{\nu_s^i}\right),\quad \sigma^i = \ln\left(\frac{\sigma_w^i}{\sigma_s^i}\right),\quad \tau^i = \ln\left(\frac{\tau_w^i}{\tau_s^i}\right)
\tag{3-31}
$$

式中，μ_w^i、ν_w^i、σ_w^i、τ_w^i 分别为产业的人力资本、所有制结构、金融发展和制度服务方面的优势情况，μ_s^i、ν_s^i、σ_s^i、τ_s^i 分别为产业的人力资本、所有制结构、金融发展和制度服务方面的基准水平，对（3-31）求一阶偏导，得到：

$$
\mu^{i\prime} = \mu_s^i - \mu_w^i,\quad \nu^{i\prime} = \nu_s^i - \nu_w^i,\quad \tau^{i\prime} = \tau_s^i - \tau_w^i
\tag{3-32}
$$

将式（3-32）代入式（3-30）后，即可得出：

$$
\begin{cases}
\mu^{i\prime} = \mu_s^i - \mu_0^i - \alpha \mu_s^i e^{-\frac{\mu_0^i}{\delta \mu^i}} \\[4mm]
\nu^{i\prime} = \nu_s^i - \nu_0^i - \alpha \nu_s^i e^{-\frac{\nu_0^i}{\delta \nu^i}} \\[4mm]
\sigma^{i\prime} = \sigma_s^i - \sigma_0^i - \alpha \sigma_s^i e^{-\frac{\sigma_0^i}{\delta \sigma^i}} \\[4mm]
\tau^{i\prime} = \tau_s^i - \tau_0^i - \alpha \tau_s^i e^{-\frac{\tau_0^i}{\delta \tau^i}}
\end{cases}
\tag{3-33}
$$

从中可以看出，在给定产业的人力资本、所有制结构、金融发展和制度服务相当于初始状态 μ_0^i、ν_0^i、σ_0^i、τ_0^i 的情形下，生产分工对出口国内附加值提升效果取决于产业的人力资本、所有制结构、金融发展和制度服务方面的要素禀赋结构转型情况。

3.2.2　要素禀赋结构

生产分工对出口国内附加值的促进作用受要素禀赋结构的影响。随着要素禀赋结构的变化，生产分工对出口国内附加值的提升影响也会发生变化。要素禀赋结构包含多方面的内容，本书主要从人力资本、所有制结构、金融发展（金融规模和金融效率）、制度服务四个角度进行探讨。

3.2.2.1　人力资本

当企业的人力资本储备不同时，生产分工对出口国内附加值的提升效应将会发生变化。全球生产分工中进口的中间品包含了国外的先进技术，人力资本提升有利于技术引进。王春晖（2019）认为，较高的人力资本通过两种途径提升了出口国内附加值：一是促进企业转型升级并参与高水平的生产分工，企业在面对国际竞争时，不断形成激励效应；二是促使企业在出口过程中，直接学习吸收国外的先进技术，产生了提升出口国内附加值的出口中学效应。

3.2.2.2　所有制结构

如果排他成本很高，国有制可能比私有制具有更高的效率，并且国有企业受政府主导作用更强，因而迫于自主创新和自主研发任务，更有可能主动进行高水平的生产分工（Buchanan 和 Musgrave，1999）。但实质上，市场机制无法有效解决创新问题，市场的目标在于追求利益最大化，追求经济效率，所以并不一定会优先从事研发创新，并且研发创新有很大的失败风险。在利润最大化的驱动下，企业可能会做出不利于技术创新的选择，这样无助于高水平生产分工的参与，以及出口国内附加值的提升。因此，这需要政府主导国有企业带头参与高水平的生产分工，同时，低水平的生产分工企业进入门槛也需要迫切降低，这样更有助于吸引大量民营企业的生产分工参与。当民营资本占比较低时，对于低层次的生产分工参与可能会起到抑制作用，随着民营资本的不断壮大，生产分工的参与水平逐步提升，这时需要进一步完善市场机制，发挥国有企业的带动作用，尤其是对于参与高水平的生产分工这一层次来说，国有企业的重要性会更加凸显。

3.2.2.3 金融发展（包括金融规模和金融效率）

生产分工的技术溢出效应会使企业间相互获取先进的知识技术，而企业在获取溢出的知识技术后，就需要不断进行工艺改造和人员培训等。较高的金融发展有效降低了企业融资成本，有助于企业获取较低成本的融资支持。衡量金融市场发展水平的指标不仅包含金融规模，还包含金融效率。金融规模和金融效率太低，使企业无法获得足够的金融支持，阻碍了企业技术学习和技术改进的过程，从而对企业出口国内附加值提升产生不利影响。随着金融规模扩大和金融效率提高，参与生产分工的企业通过学习竞争与模仿技术先进的企业后，会促使企业更加愿意支付较高的薪酬进行人力资本培训和设备购买，生产分工对出口国内附加值的正向影响才会逐渐显现。

3.2.2.4 制度服务

制度服务对生产分工提升出口国内附加值产生正向作用，社会制度服务优良，会促使企业学习先进工艺，加大研发投入，并不断推进创新，从而起到提升出口国内附加值的作用。生产分工的技术溢出效应和规模经济效应在适当的制度服务条件下，对出口国内附加值提升会发挥更大影响，优良的制度服务会使单个企业的生产分工技术溢出和规模经济扩散到全产业链，甚至引起整个地区的空间集聚效应。但当地区的制度服务水平较低时，无法激励企业进行生产分工与研发创新，反而由于其他地区的制度服务层次较高，从而导致企业迁移至外地参与生产分工，这阻碍了当地生产分工提升出口国内附加值的潜力。

3.2.3 地区因素

生产分工对出口国内附加值的影响存在地区差异因素。一方面，各省的生产分工和出口国内附加值处于不同的发展阶段，根据前文生产分工的测算结果，可以看出东部地区的生产分工程度最高，中部地区次之，西部地区最低。零部件分工主要集中在东部地区，加工品分工则集中在中部地区，西部地区更多是初级品分工。另一方面，各省在经济发展水平、产业结构层次、交通运输条件、人力资本等方面差异巨大。东部地区地理位置优越，港口密集，出口贸易大多在此汇集，优越的经济社会条件吸引各种生产分工向此转移集聚。各个地区的要素禀赋结构也有很大差异，如人力资本、所有制结构、金融发展、资产专用性、制度服务等。

各省份的人力资本、制度服务要素的变化情况如表 3-1、表 3-2 所示，金融规模和金融效率变化状况如图 3-2、图 3-3 所示。可以看出，东部地区的人力资本水平较高，西部地区的制度服务水平较低。除北京、上海、江苏、浙江、广东以外，其他省份的金融规模增长差异不大，东部地区的金融效率相对要高，中部和西部地区的金融效率增长变化趋势一致。其中，人力资本为各地区的科研人员占从业人员的比重，制度服务来自王小鲁等（2016）编制的市场化指数中的制度服务指标，金融规模为各地区的贷款余额占地区生产总值的比重，金融效率为各地区的非国有企业贷款余额占地区生产总值的比重。在各个要素禀赋的影响下，各省份的生产分工对出口国内附加值的影响可能存在异质性。

表 3-1　各省份的人力资本水平　　　　　　单位：%

省份 \ 年份	2002	2005	2008	2011	2014	2017	2020
北京	13.673	13.091	15.823	16.384	18.360	19.575	20.113
天津	11.862	12.121	13.205	14.128	14.783	15.481	16.043
河北	4.202	4.536	4.861	4.995	5.105	5.481	5.733
辽宁	7.997	8.101	8.272	8.465	8.783	9.034	9.421
上海	17.034	18.364	19.752	20.154	22.082	24.391	24.710
江苏	13.123	13.865	14.104	14.363	15.006	15.210	16.176
浙江	9.803	10.392	11.723	12.895	12.376	14.284	13.291
福建	7.067	8.113	8.701	9.123	9.786	10.045	10.835
山东	8.045	8.792	9.151	9.854	10.845	11.376	12.231
广东	9.807	10.643	11.801	12.117	12.794	13.272	14.194
海南	4.145	4.892	5.101	6.117	6.845	7.033	7.842
山西	3.797	4.101	4.833	5.365	6.102	6.186	6.733
吉林	3.104	3.963	4.681	5.032	6.101	6.831	7.179
黑龙江	3.805	4.104	4.445	5.673	6.082	7.292	7.876
安徽	3.331	3.945	4.102	4.847	5.022	5.310	6.106
江西	6.121	6.895	7.083	8.113	8.784	9.062	9.153
河南	2.741	2.166	3.043	3.792	4.131	4.384	4.815
湖北	5.103	5.536	6.151	6.830	7.040	7.314	7.441
内蒙古	3.045	3.802	4.108	4.780	5.163	5.891	6.104

年份\省份	2002	2005	2008	2011	2014	2017	2020
广西	3.145	3.795	4.083	4.851	5.020	5.311	5.615
四川	3.082	4.365	5.605	5.831	6.056	6.330	6.773
重庆	2.980	3.102	3.521	3.806	4.119	4.343	4.821
贵州	2.142	1.907	2.131	2.995	3.235	3.763	3.921
云南	3.426	3.895	4.133	4.786	5.033	5.114	5.795
陕西	4.101	4.786	5.106	5.723	6.136	6.745	6.981
甘肃	3.025	3.105	3.438	3.973	4.116	4.902	5.105
青海	0.995	1.082	2.116	2.803	3.116	3.141	3.789
宁夏	1.304	1.761	2.036	2.892	3.104	3.521	3.806
新疆	1.974	2.052	3.144	3.981	4.043	4.531	4.824
西藏	1.055	1.101	1.426	1.893	2.102	2.394	2.514

表 3-2　各省份的制度服务水平　　　　　　单位：%

年份\省份	2002	2005	2008	2011	2014	2017	2020
北京	1.194	1.206	1.251	1.268	1.273	1.292	1.305
天津	0.856	0.989	0.945	0.973	1.433	1.035	1.106
河北	0.416	0.441	0.488	0.534	0.531	0.587	0.634
辽宁	0.718	0.762	0.813	0.856	0.875	0.891	0.910
上海	1.216	1.252	1.281	1.315	1.436	1.461	1.518
江苏	0.951	0.948	0.961	1.067	1.072	1.161	1.207
浙江	0.736	0.792	0.911	0.967	1.091	1.071	1.165
福建	0.734	0.781	0.814	0.861	0.925	0.961	1.324
山东	0.676	0.713	0.761	0.868	0.843	0.880	0.951
广东	1.401	1.461	1.505	1.586	1.624	1.682	1.745
海南	0.567	0.631	0.687	0.718	0.745	0.804	0.899
山西	0.516	0.551	0.589	0.633	0.671	0.710	0.785
吉林	0.516	0.572	0.610	0.656	0.701	0.743	0.821
黑龙江	0.381	0.405	0.447	0.464	0.523	0.561	0.618
安徽	0.387	0.415	0.473	0.510	0.565	0.671	0.686

续表

省份＼年份	2002	2005	2008	2011	2014	2017	2020
江西	0.374	0.392	0.456	0.481	0.510	0.554	0.579
河南	0.396	0.422	0.474	0.501	0.537	0.578	0.615
湖北	0.821	0.895	0.937	0.972	1.081	1.044	1.114
内蒙古	0.732	0.781	0.826	0.868	0.932	0.951	1.066
广西	0.524	0.582	0.639	0.673	0.711	0.756	0.832
四川	0.893	0.931	0.976	1.043	1.172	1.210	1.286
重庆	1.032	1.167	1.201	1.355	1.361	1.440	1.525
贵州	0.262	0.281	0.316	0.358	0.383	0.461	0.495
云南	0.405	0.433	0.476	0.522	0.576	0.616	0.645
陕西	0.576	0.612	0.631	0.678	0.710	0.743	0.795
甘肃	0.404	0.425	0.473	0.517	0.564	0.600	0.652
青海	0.304	0.312	0.347	0.376	0.433	0.426	0.487
宁夏	0.213	0.265	0.287	0.322	0.375	0.396	0.415
新疆	0.287	0.302	0.341	0.376	0.417	0.450	0.483
西藏	0.163	0.182	0.204	0.245	0.287	0.315	0.334

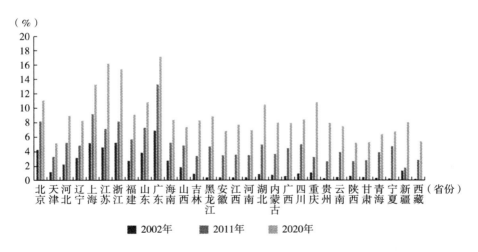

图3-2　各省份的金融规模

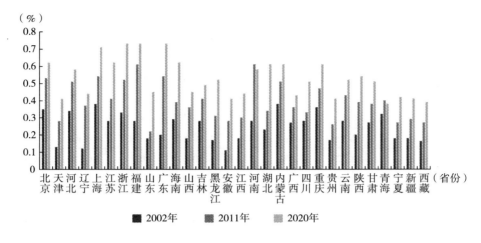

图 3-3　各省份的金融效率

3.2.4　行业因素

各行业的生产分工对出口国内附加值的影响差别较大，例如，技术密集型行业的生产分工水平较高，劳动和资源密集型行业的生产分工水平较低，资本密集型行业的出口国内附加值平均水平较高，劳动密集型行业的出口国内附加值平均水平较低。同时，各行业的生产分工对出口国内附加值的影响还受研发强度、所有制结构、资产专用性、行业产出规模等影响，像技术密集型行业的研发支出占比较大，创新效率较高，该行业的技术外溢效应比较突出，对出口国内附加值的提升影响比较明显，资源和劳动密集型行业的突出特点是行业产出规模大，这类行业的生产分工所产生的规模经济效应非常明显，当市场规模足够大时，对出口国内附加值的提升效果是显而易见的。在所有制结构中，民营企业占比对生产分工的影响有很大差异，例如，民营企业占比过大，可能对提升加工品分工的规模经济效应具有明显的促进影响，但不利于零部件分工和初级品分工对出口国内附加值的提升作用。资产专用性高的行业往往意味着固定资产占比较高，专用资产流动性较差，变现很困难，因此，这类行业的进入沉没成本较大，壁垒很高。例如，资源密集型行业的突出表现是资产专用性很高，这类行业的生产分工进入退出难度较大。

各类行业的资产专用性和所有制结构变化情况如表 3-3、表 3-4 所示，可以看出，例如，黑色金属矿采选业、有色金属矿采选业、黑色金属冶炼及压延加工业等资源密集型行业的资产专用性较高，农副食品加工业、食品制造业、饮料制造业等劳动密集型行业的民营资本占比较高。各类行业的研发强度和行业产出规模大小如图 3-4、图 3-5 所示，其中，橡胶制造业、塑料制造业、服装及纤维制品制造业等劳动密集型行业的研发强度较低，煤炭矿采选业、石油及天然气矿采选业、食品制造业、饮料制造业、纺织业、家具制造业等资源和劳动密集型行业的产出规模较大。其中，资产专用性采用各行业固定资产占总资产比值，所有制结构采用民营企业产值占工业企业总产值比重，研发强度采用各行业研发支出占固定资产投资比重，行业产出规模采用各行业工业产值占企业数量的比重。在以上各种因素的制约下，生产分工对出口国内附加值的影响表现出行业方面的巨大差异。

表 3-3　各行业的资产专用性　　　　　　　单位：%

年份 行业	2002	2005	2008	2011	2014	2017	2020
煤炭矿采	0.394	0.403	0.405	0.425	0.432	0.456	0.446
石油矿采	0.446	0.468	0.472	0.491	0.507	0.515	0.507
黑金矿采	0.548	0.543	0.552	0.571	0.567	0.574	0.577
有金矿采	0.464	0.462	0.478	0.471	0.482	0.497	0.504
非金属矿采	0.407	0.413	0.421	0.437	0.434	0.447	0.448
农副产品	0.365	0.373	0.392	0.378	0.381	0.407	0.405
食品	0.336	0.342	0.357	0.365	0.361	0.387	0.395
饮料	0.304	0.312	0.336	0.348	0.331	0.354	0.362
烟草	0.371	0.377	0.395	0.393	0.392	0.401	0.416
纺织	0.326	0.331	0.345	0.303	0.317	0.335	0.345
服装	0.275	0.282	0.296	0.293	0.311	0.305	0.315
皮革羽毛	0.297	0.295	0.293	0.301	0.318	0.324	0.327
木材藤草	0.302	0.317	0.321	0.326	0.334	0.346	0.347
家具	0.368	0.361	0.373	0.375	0.387	0.393	0.385
造纸	0.393	0.392	0.406	0.404	0.412	0.427	0.418

行业＼年份	2002	2005	2008	2011	2014	2017	2020
印刷	0.404	0.418	0.422	0.437	0.434	0.449	0.451
文体用品	0.373	0.392	0.375	0.376	0.381	0.384	0.397
石化炼焦	0.465	0.463	0.472	0.486	0.510	0.522	0.534
化学工业品	0.481	0.475	0.403	0.486	0.475	0.478	0.491
医药	0.205	0.252	0.265	0.261	0.278	0.281	0.370
化学纤维	0.265	0.267	0.273	0.286	0.288	0.294	0.306
橡胶	0.224	0.231	0.246	0.258	0.262	0.271	0.286
塑料	0.206	0.252	0.289	0.241	0.253	0.261	0.278
非金属矿物	0.445	0.465	0.469	0.471	0.484	0.489	0.492
黑金冶炼	0.491	0.494	0.493	0.505	0.507	0.512	0.525
有金冶炼	0.524	0.546	0.502	0.517	0.526	0.533	0.519
金属制品	0.509	0.511	0.536	0.548	0.583	0.556	0.563
通用设备	0.342	0.357	0.356	0.368	0.371	0.380	0.393
专用设备	0.305	0.332	0.331	0.347	0.357	0.369	0.384
交运设备	0.482	0.485	0.497	0.501	0.516	0.535	0.537
电气机械	0.392	0.385	0.382	0.378	0.369	0.374	0.362
电子通信	0.303	0.306	0.314	0.322	0.327	0.337	0.334
仪器仪表	0.281	0.296	0.304	0.306	0.313	0.317	0.219

表3-4　各行业的所有制结构　　　　　　　　单位：%

行业＼年份	2002	2005	2008	2011	2014	2017	2020
煤炭矿采	0.216	0.202	0.225	0.217	0.229	0.234	0.234
石油矿采	0.216	0.206	0.193	0.181	0.198	0.192	0.185
黑金矿采	0.224	0.206	0.191	0.176	0.193	0.186	0.189
有金矿采	0.264	0.252	0.266	0.254	0.246	0.231	0.220
非金属矿采	0.316	0.302	0.294	0.286	0.278	0.271	0.263
农副产品	0.815	0.821	0.836	0.832	0.817	0.825	0.819

续表

行业 ＼ 年份	2002	2005	2008	2011	2014	2017	2020
食品	0.801	0.825	0.836	0.848	0.852	0.864	0.890
饮料	0.715	0.742	0.776	0.798	0.804	0.831	0.845
烟草	0.215	0.222	0.235	0.245	0.257	0.268	0.279
纺织	0.726	0.731	0.743	0.756	0.768	0.792	0.805
服装	0.756	0.801	0.834	0.851	0.886	0.903	0.916
皮革羽毛	0.853	0.885	0.896	0.913	0.935	0.951	0.956
木材藤草	0.836	0.861	0.884	0.895	0.912	0.936	0.946
家具	0.531	0.566	0.580	0.591	0.613	0.634	0.645
造纸	0.506	0.513	0.526	0.532	0.556	0.577	0.583
印刷	0.745	0.767	0.773	0.785	0.806	0.812	0.825
文体用品	0.775	0.801	0.825	0.836	0.857	0.853	0.865
石化炼焦	0.065	0.081	0.093	0.102	0.115	0.135	0.156
化学工业品	0.224	0.256	0.262	0.285	0.296	0.304	0.295
医药	0.484	0.506	0.526	0.542	0.574	0.586	0.593
化学纤维	0.504	0.526	0.551	0.573	0.606	0.623	0.637
橡胶	0.674	0.691	0.705	0.717	0.725	0.742	0.776
塑料	0.485	0.511	0.526	0.554	0.606	0.614	0.646
非金属矿物	0.356	0.342	0.335	0.316	0.276	0.297	0.282
黑金冶炼	0.305	0.291	0.275	0.245	0.234	0.205	0.206
有金冶炼	0.266	0.244	0.226	0.214	0.195	0.183	0.166
金属制品	0.386	0.397	0.404	0.416	0.433	0.456	0.452
通用设备	0.375	0.384	0.412	0.421	0.435	0.446	0.468
专用设备	0.263	0.271	0.283	0.296	0.305	0.321	0.336
交运设备	0.306	0.338	0.343	0.366	0.367	0.371	0.358
电气机械	0.234	0.281	0.295	0.327	0.305	0.313	0.335
电子通信	0.406	0.421	0.436	0.447	0.453	0.461	0.458
仪器仪表	0.376	0.381	0.396	0.403	0.415	0.421	0.407

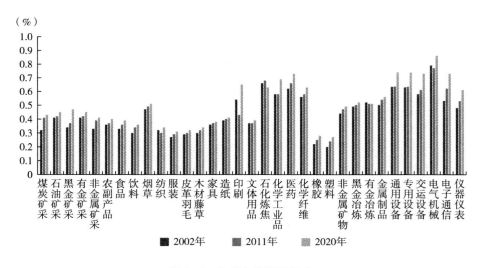

图 3-4　各行业的研发强度

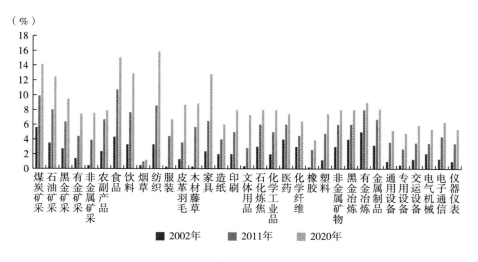

图 3-5　各行业的产出规模

3.3　作用机制

前文梳理了生产分工影响出口国内附加值的机理和制约因素，但其中的作用机制有待深入探讨，本节将讨论可能的作用机制和中介变量。

3.3.1　全要素生产率

中间品贸易是生产分工的主要形式之一，生产分工的深化直接导致了中间品贸易的扩张，大量研究也表明中间品进口对生产率提升具有促进作用。生产分工可以通过投入产出效应使企业的生产函数外移，从而提高最终产品的质量和全要素生产率。

Gorg 和 Hanley（2005）认为，相较于国内的中间品，企业对进口的中间品支付了更高价格，这源于进口中间品的质量溢价。在发达国家的中间品生产过程中，中间品种类增加可以促进自身全要素生产率提升，即水平效应。进口中间品与国内中间品之间可能存在互补机制，使不同种类中间品的集合可以产生整体大于局部的效益，当中间投入品互补性较强时，中间品带来的全要素生产率提升效果比较明显。

3.3.2　技术创新

专业化分工有助于提高生产效率和技术创新，生产分工形成的集聚拉近了产业链不同企业之间距离，促进了新知识、新技术、新信息、新创意的交流与传播，实现了分工协作企业之间的互补，使员工能够面对面交流，产业链上某个企业的新技术会随着分工协作和人员交流而快速传播。生产分工强化了"干中学"，促进了企业之间的技术创新合作，使企业能够更加便捷和低成本地获得自身缺乏的知识及技术。一方面，生产分工为技术创新提供了良好的外部支持系统，包括大量资金、技术、人才等要素，这些要素的不断投入，产生了"集体学习"过程中的技术扩散，形成知识溢出效应，反过来会更加深化生产分工。另一方面，生产分工会通过技术优化升级，减少生产成本，从而降低中间品国内流通的价格，增加服务种类，以较少的投入获取优质服务，从而使企业的研发投入增加，导致技术创新提升。

另外，生产分工也会引起人才的专业化分工，在此基础上，企业可以发展更为先进的生产方式，如"互联网+大数据"、物联网等，这些创新的经营模式与分工方式相结合，极大地提升了生产效率和技术层次。在提升出口国内附加值方面，技术创新发挥着更为重要作用，增加研发投入可以明显改善企业的生产工艺流程，实现产品质量和出口国内附加值提升。

3.3.3 产业结构优化

生产分工会引发大量产业结构变动，产业分工带来市场规模扩大和需求结构改变，通常使区域产业结构不断向高级化和合理化方向演进。况佩杰（2018）研究认为，分工引起的集聚对产业升级具有推动作用。雷红（2019）认为，人力资本集聚不仅对本地的产业结构升级具有推动作用，而且推动了邻省的产业结构升级。邵昱琛等（2017）研究表明，金融集聚与产业升级具有高度耦合性，经济发展水平越高的地区，耦合性越强。由此可以看出，很多行业的生产分工对产业结构升级产生的促进作用非常明显。

生产分工过程中，会形成大量的产业规模扩张，这也是区域内产业一体化扩张的过程。随着生产分工的发展，各种生产要素变得更加稀缺，这些因素在市场推动下自发流向效率高、附加值高的产业，从而提高了资源效率，而低附加值、低效率企业逐渐被市场淘汰，在这个过程中，产业结构即实现了升级。此外，魏悦羚和张洪胜（2019）认为，生产分工会直接改善产业结构，例如，生产分工加剧了行业内部的竞争，提高产品和服务质量，作为价值链上的重要一环，较低的价格和专业化的服务会促使产业内部结构升级。

3.3.4 资源配置

生产分工引起的资源配置包括两种效应：一是改善资源配置；二是加剧资源错配。新经济地理学认为，参与生产分工的企业通过前后向关联的累积效应对资本和劳动力配置产生影响。季书涵等（2016）认为，当资本配置过度，劳动力配置不足时，生产分工能够缓解资源错配，但是，当资本配置不足，劳动力配置过度时，生产分工会加剧资源错配。也有学者认为，生产分工通过技术溢出效应、规模经济效应以及信息共享机制实现资源配置效率提升。

具体地，生产分工改善资源配置，主要有三个途径：一是生产分工的技术溢出效应，促进了市场主体之间的交流学习，引导生产要素从低效率企业流向高效率企业，减少了资源浪费，使资源配置更加合理。二是生产分工加剧了市场竞争，对于生产率低的企业来说，市场竞争会加速优胜劣汰，使生产要素从生产率低的企业流向生产率高的企业，从而改善资源配置。三是生产分工促进了资本和劳动力在不同企业之间的交流，促进了产业链上的要素流动，从而持续扩展产业链的腹地和外围的范围，继而改善资源错配。

3.3.5 外商投资

随着全球化的发展，跨国公司为了获取全球价值链上有利的资源，在全球进行生产分工的转移，例如，Bensidoun 等（2009）认为，跨国公司进行的垂直型对外直接投资（V-FDI）实质上是在全球寻求以最优要素成本的目标，将中间投入品的各个生产区段分配到不同的发展中国家，母公司从子公司进口低技术密集型产品，出口管理理念和技术服务。Markusen 和 Maskus（2002）提出，不同的V-FDI 动机会产生不同的国际分工组织形式，进而对东道国的产业升级影响不同。刘志彪和张杰（2007）认为，生产分工会帮助企业通过正式和非正式的渠道分享东道国市场信息，包括法律和制度方面的状况，减少了投资壁垒，从而有助于吸引外资。也有学者认为，生产分工使产业链深度更加成熟，基础设施更加完善，更容易吸引外商投资。

此外，外资进入我国参与生产分工，对出口国内附加值的影响难以确定。一方面，外资先进的技术和管理理念起到示范作用，促进了本土企业对新知识和新模式的学习吸收，带来了生产技术和经验管理方面的提升，提高了本土企业的资源配置效率，对出口国内附加值产生有利影响。另一方面，Thoenig 和 Verdier（2003）认为，外资本身有其特殊的投资动机，处于全球价值链高端的跨国公司进行生产分工全球转移，主要是为了掠取高端的人才和技术，国内企业如果与这类企业进行生产分工合作，有利于提升国内企业的出口国内附加值；而处于全球价值链低端的跨国公司把生产分工转移至我国，主要是为了获取广阔市场、资源及优惠政策，国内企业如果与这类跨国公司进行分工合作，对出口国内附加值的提升效果就非常有限。

综上所述，生产分工提升出口国内附加值的作用机制，主要包括全要素生产率、技术创新、产业结构优化、资源配置、FDI 等途径。

3.4　贸易自由化的拓展作用

当贸易自由化水平不断提升时，生产分工对出口国内附加值的影响效应也会发生变化，贸易政策和贸易不确定性都能够产生这种影响。例如，一方面，进口贸易便利，生产分工中的进口中间品就含有国外的前沿技术和生产工艺，这为参与生产分工企业提供了学习和扩散技术的来源。同时，进口的中间品和设备节约了大量的研发资金，这两种途径均能够提升企业的出口国内附加值（景光正和盛斌，2022）。另一方面，出口贸易便利，生产分工企业在出口时可以直接向国外企业学习先进技术，国外企业也会向国内的生产分工企业提供产品改进建议，这些都有助于企业在进行出口贸易时，提升其出口国内附加值（张泽义和周玉琴，2022）。因此，随着贸易开放度的不断提升，生产分工对出口国内附加值的提升影响也会逐渐增强。

3.5　本章小结

首先，本章分析生产分工促进出口国内附加值的影响机理，探析这种机理的理论基础，以及生产分工所产生的技术溢出效应和规模经济效应，总结认为两种效应是推动出口国内附加值提升的关键。在此基础上，进一步探讨了生产分工影响出口国内附加值的制约因素，包括要素禀赋结构变化的理论分析，涵盖了人力资本、所有制结构、金融发展、制度服务等要素。

其次，本章分析比较了生产分工影响出口国内附加值提升的地区层面、行业层面因素差异。

最后，本章梳理了生产分工影响出口国内附加值的作用机制，提炼了包括TFP、技术创新、产业结构优化、资源配置、FDI 等中介变量。

4　生产分工对出口国内附加值的影响

——基于要素禀赋结构分析

本章基于前面理论分析，构建相关模型，实证检验生产分工对出口国内附加值的影响以及在要素禀赋结构情况下的分析，这部分主要从三个方面展开：一是分析零部件分工、加工品分工、初级品分工对出口国内附加值的基准影响，并考虑生产分工与出口国内附加值之间的内生性问题。二是进行异质性分析，包括不同技术密度、不同企业规模和不同贸易方式等角度。三是考虑在要素禀赋结构角度下生产分工对出口国内附加值的影响作用，要素禀赋结构主要包括人力资本、所有制结构、金融规模、金融效率、制度服务等。

4.1　模型、变量与数据

4.1.1　模型设定

本书在柯布—道格拉斯生产函数的基础上，考察生产分工对出口国内附加值的影响作用，这里设定函数如下：

$$Y_{it} = A_{it} K_{it}^{\alpha} L_{it}^{\beta} \tag{4-1}$$

式中，Y 为产出，A 为企业的技术，K 为资本，L 为劳动力，α 和 β 分别为资本和劳动力的产出弹性，i 和 t 分别为企业和时间，对式（4-1）两边分别取对数，就可以得到下式：

$$\ln Y_{it} = \ln A_{it} + \alpha \ln K_{it} + \beta \ln L_{it} \tag{4-2}$$

借鉴 Feenstra 和 Hanson（1997）关于出口与技术效率之间关系的做法，本书理论分析表明生产分工对出口国内附加值有密切关系，因此假定生产分工与出口国内附加值之间的关系可以用如下函数来表示：

$$DVAR_{it} = \eta div_{it} + \gamma X_{it} + \xi_{it} + \varepsilon_{it} \tag{4-3}$$

式中，$DVAR_{it}$ 为企业 i 在第 t 期的出口国内附加值，div_{it} 为企业 i 在第 t 期生产分工，X_{it} 为诸多控制变量，ξ_{it} 为各种固定效应，ε_{it} 为随机误差项，主要包括一些没有列出但又影响着出口国内附加值的潜在因素变量。

生产分工对出口国内附加值的提升可能受要素禀赋结构的影响，进而呈现出一种动态的变化过程。为了客观地展示要素禀赋结构如何作用于生产分工对出口国内附加值的影响，本章进一步将人力资本、所有制结构、金融规模、金融效率、制度服务变量作为门槛变量，研究生产分工对出口国内附加值影响的门槛效应。这里设定门槛效应模型如下：

$$DVAR_{it} = \alpha_0 + \alpha_1 div_{it} \times rl_1(g_{it} \leqslant \gamma_1) + \alpha_2 div_{it} \times rl_2(g_{it} > \gamma_1) + \cdots + \alpha_n div_{it} \times rl_n(g_{it} \leqslant \gamma_n) +$$
$$\alpha_{n+1} div_{it} \times rl_{n+1}(g_{it} > \gamma_n) + \mu X_{it} + \varepsilon_{it} \tag{4-4}$$

$$DVAR_{it} = \alpha_0 + \alpha_1 div_{it} \times sy_1(g_{it} \leqslant \gamma_1) + \alpha_2 div_{it} \times sy_2(g_{it} > \gamma_1) + \cdots + \alpha_n div_{it} \times sy_n(g_{it} \leqslant \gamma_n) +$$
$$\alpha_{n+1} div_{it} \times sy_{n+1}(g_{it} > \gamma_n) + \mu X_{it} + \varepsilon_{it} \tag{4-5}$$

$$DVAR_{it} = \alpha_0 + \alpha_1 div_{it} \times jg_1(g_{it} \leqslant \gamma_1) + \alpha_2 div_{it} \times jg_2(g_{it} > \gamma_1) + \cdots + \alpha_n div_{it} \times jg_n(g_{it} \leqslant \gamma_n) +$$
$$\alpha_{n+1} div_{it} \times jg_{n+1}(g_{it} > \gamma_n) + \mu X_{it} + \varepsilon_{it} \tag{4-6}$$

$$DVAR_{it} = \alpha_0 + \alpha_1 div_{it} \times jl_1(g_{it} \leqslant \gamma_1) + \alpha_2 div_{it} \times jl_2(g_{it} > \gamma_1) + \cdots + \alpha_n div_{it} \times jl_n(g_{it} \leqslant \gamma_n) +$$
$$\alpha_{n+1} div_{it} \times jl_{n+1}(g_{it} > \gamma_n) + \mu X_{it} + \varepsilon_{it} \tag{4-7}$$

$$DVAR_{it} = \alpha_0 + \alpha_1 div_{it} \times zd_1(g_{it} \leqslant \gamma_1) + \alpha_2 div_{it} \times zd_2(g_{it} > \gamma_1) + \cdots + \alpha_n div_{it} \times zd_n(g_{it} \leqslant$$
$$\gamma_n) + \alpha_{n+1} div_{it} \times zd_{n+1}(g_{it} > \gamma_n) + \mu X_{it} + \varepsilon_{it} \tag{4-8}$$

式中，div_{it} 表示零部件分工、加工品分工、初级品分工，rl 表示人力资本，sy 表示所有制结构，jg 表示金融规模，jl 表示金融效率，zd 表示制度服务。X_{it} 表示其他控制变量，ε_{it} 表示随机扰动项。

4.1.2 变量说明

在现实生活中，生产分工对出口国内附加值提升会产生影响作用，但实证分析中需要加入合适的控制变量。实证中包含的核心变量、控制变量、门槛变量设定如下：

4.1.2.1 核心变量

（1）生产分工（div）。生产分工的测算方法有两类视角：一是进口中间品占最终品生产过程中总的投入品比重，主要以计算不同行业的生产分工程度为主，如 FH 指数；二是总产出中进口中间投入品的比重，这种方法以计算发展中国家的生产分工参与程度居多，如 VS 指数。FH 指数在生产分工分析中一度占据主导地位，对投入产出表中数据要求较高；VS 指数着重考察总产出中外国投入品的比例，尤其是在借助加工贸易统计的中间品投入和进口信息时计算较为便捷。本节在 Hummels 等（2001）基础上采用第二种方法测算中国地区层面的生产分工程度，假设某地区有 n 个部门，i 部门的生产分工程度 div_i 计算办法如下：

$$div_i = \frac{\sum_{k}^{n} M_{ik}}{Y_i} \qquad (4-9)$$

式中，Y_i 为某地区部门 i 的总产出，M_{ik} 为 i 部门从国外进口由 k 部门提供的中间投入品，$\sum_{k}^{n} M_{ik}$ 为 i 部门从国外进口由所有部门提供的中间投入品。

本书以此作为测算地区生产分工的办法，相应地，一个地区 n 个部门整体的生产分工程度就表示为：

$$div = \sum_{i}^{n} \theta_i div_i = \sum_{i}^{n} \theta_i \frac{\sum_{k}^{n} M_{ik}}{Y_i} \qquad (4-10)$$

式中，θ_i 为 i 部门进口额占总进口比例情况，式（4-10）可解释为一地区所有部门的生产分工是由各部门进行生产分工与该部门进口份额为权重系数的加权值组成。本书的企业中间品进口信息数据来自海关进出口贸易数据库。采用联合国统计局制定的广义经济类别分类即 BEC 分类法判断企业的中间品进口。BEC 分类将国际贸易的全部产品分为七大类，其中，代码 111、121、21、22、31、322、42、53 为所要研究的中间品，法国国际经济研究中心（CEPII）还对中间品进一步划分如下：初级品代码为 111、21、31，加工品代码为 121、22、322，零部件代码为 42、53。然后，就可以分别计算零部件 $divl$、加工品 $divj$ 和初级品 $divc$ 的生产分工程度。

（2）出口国内附加值（DVAR）。Lall 等（2006）采用某产品所涉及出口国人均 GDP 的加权值衡量出口国内附加值，权重是各国该商品的贸易额占全球的比例。Grossman 和 Hansberg（2008）将上述权重改为各国贸易产品的显性比较优势。但是，中国各地区的出口国内附加值测算不能笼统采用上述做法，原因是：

中国 80% 的出口贸易来自东部发达地区。研究采用陈晓华等（2011）修正做法来衡量出口国内附加值，具体办法为：

$$tsi_c^t = \sum_{j=1}^{J} \frac{\left(1-\omega_{jc}^t\right)e_{jc}^t \Big/ \sum_{c=1}^{C}\left(1-\omega_{jc}^t\right)e_{jc}^t}{\sum_{j=1}^{J}\left(1-\omega_{jc}^t\right)e_{jc}^t \Big/ \sum_{c=1}^{C}\left(1-\omega_{jc}^t\right)e_{jc}^t} \times Y_j^t \qquad (4-11)$$

式中，j 为省份，J 为省份总数，c 为商品，C 为所有商品种类，t 为年份，e_{jc}^t 为 j 省 c 产品在 t 年的出口额，Y_j^t 为 j 省 t 年的人均 GDP。ω_{jc}^t 为在出口贸易中加工贸易所占的比例。各省份的出口国内附加值测算办法为：

$$DVAR_{j,\ t} = \sum_{c=1}^{C} \frac{\left(1-\omega_c^t\right)e_{jc}^t}{\sum_{c=1}^{C}\left(1-\omega_c^t\right)e_{jc}^t} \times tsi_c^t \qquad (4-12)$$

这里测算生产分工与出口国内附加值的数据来源主要有《中国海关统计年鉴》、中国海关进出口数据库、国研网、《中国区域经济统计年鉴》、《中国统计年鉴》、联合国商品贸易数据库（UN Comtrade Database 中 SITC（Rev3.0））。

4.1.2.2 控制变量

控制变量包括企业规模、干中学、企业利润、外资参与度、产业集中度。

（1）企业规模（size）。采用企业从业人员数量来衡量，并取对数。

（2）干中学（lear）。干中学采用企业的累积产出来衡量，借鉴陈艳莹和鲍宗客（2012）的做法，累积产出 = 期初产量累计值×经验转化率 + 当期产量，其中，经验转化率取中间值 85%。

（3）企业利润（prof）。以企业净利润与销售利润总额的比值衡量。

（4）外资参与度（fori）。采用企业使用的外商投资与固定资产的比值衡量。

（5）产业集中度（mark）。采用赫芬达尔指数 HHI 衡量，计算办法为：

$HHI = \sum_{i \in i_j} \left(\dfrac{sale_{it}}{sale_{jt}}\right)^2 = \sum_{i \in i_j} s_{it}^2$，这里 $sale_{it}$ 为企业 i 在第 t 年的市场利润总额，$sale_{jt}$ 表示行业 j 在第 t 年的市场利润总额，s_{it} 为企业 i 在第 t 年的市场占有率。

4.1.2.3 门槛变量

门槛变量包括人力资本、所有制结构、金融规模、金融效率、制度服务。

（1）人力资本（rl）。企业的人力资本储备直接决定了企业的要素禀赋状况，只有当企业的人力资本要素水平比较高时，才有助于获得生产分工对出口国内附加值提升的外溢效应。依据赖明勇等（2005）的研究，本书采用地区研发人员占所有从业人员的比重来表示人力资本储备水平。

（2）所有制结构（sy）。中国的经济改革与政治改革存在非同步性已经是共识，这使转型经济中的发展机会并不是根据企业效率，而是根据企业的政治主从顺序来分配的，而政治合法性地位的确使不同所有制企业在生产分工过程中获得的出口国内附加值提升效果有所差别，本书以各个行业的民营企业总产值占所有工业企业产值比重来表示所有制结构变量。

（3）金融规模（jg）。采用各地区的贷款总额占地区生产总值的比重衡量。

（4）金融效率（jl）。本书借鉴姚耀军（2012）方法，使用私人部门的信贷状况刻画金融效率，该指标采用非国有部门的贷款余额占地区生产总值的比重衡量。

（5）制度服务（zd）。采用如下方式计算：$zhidu = maind\ (1 - dsind)$，其中，$maind$ 为市场化指数，来自王小鲁等（2016）编制的 2016 年版中国市场化指数报告，$dsind$ 表示市场分割指数，采用价格指数法计算地区的市场分割程度。

4.1.3　数据来源

关于生产分工和出口国内附加值的数据来源见前文的说明，其他数据来自海关进出口贸易数据库、中国工业企业数据库、上市公司数据、《中国工业经济统计年鉴》。由于各个数据库的企业代码和企业交易税号标准不一致，因此按照企业名称进行匹配合并，在合并后整理出了规模以上工业企业的进口信息、财务信息、自身营业信息等数据状况。聂辉华等（2012）认为，中国工业企业数据库的样本有很多问题，故本书对合并后的数据进行如下处理：①删除工业增加值、中间投入品、固定资产净值、出口贸易额、企业销售额、应付工资、营业利润中存在零值或负值的企业样本；②剔除总体样本量小于 100 的产品，删除总资产小于流动资产或固定资产的企业样本。

由于 2001 年中国加入 WTO 以后，我国的生产分工和出口国内附加值都有很大变化，结合本书收集到的是 2002~2013 年的工业企业数据库，2002~2020 年的进出口数据和《中国工业经济统计年鉴》数据。故本书数据选取的时间跨度为 2002~2020 年，经过两套数据的合并匹配以后，采集的样本中共有中间品进口贸易企业 84056 个，所有数据均采用价格指数进行平减处理。对于工业企业数据库中 2014 年以后缺失的数据，采用上市公司数据。另结合《中国工业经济统计年鉴》数据按照企业规模占行业比重进行分解，并采用插补法进行补充。描述性统计结果如表 4-1 所示，可以看出，没有参与生产分工企业的出口国内附加值、企业规模、干中学、利润等均要低于有参与生产分工企业的对应值。

表 4-1　变量描述性统计结果

变量	符号	没有参与生产分工企业的均值	有参与生产分工企业的均值	标准差（%）	最小值	最大值
出口国内附加值	dvar	0.35	0.79	1.38	0.10	0.95
企业规模	size	10.31	17.31	8.32	6.41	38.17
干中学	lear	2.75	4.18	5.73	-0.35	5.92
企业利润	prof	0.87	1.64	6.04	0.24	2.85
外资参与度	fori	0.42	1.02	0.13	0.31	1.68
产业集中度	mark	1.46	2.16	0.26	-0.53	2.84
人力资本	rl	3.29	9.08	3.22	0.17	19.33
所有制	sy	0.34	0.52	3.19	0.05	0.84
金融规模	jg	4.20	7.21	1.88	2.13	13.26
金融效率	jl	7.70	16.31	4.27	3.28	23.10
制度服务	zd	5.14	20.73	8.39	2.10	33.52

4.2　单位根检验和协整检验

对于面板数据计量分析来说，数据平稳性至关重要，数据非平稳情形会导致回归系数的估计值产生偏误，造成被解释变量与解释变量间产生伪回归和失真现象。目前解决伪回归的方法有两种：一是对数据进行差分，直到数据平稳，再用平稳后的数据进行回归；二是做单位根检验和协整检验。由于差分方法不仅消除了变量在时间序列上的长期趋势，并且差分阶数难以确定，故本书采用第二种方法检验数据的平稳性。为了保证单位根检验稳健性，对于面板单位根检验我们采用 PP 检验和 IPS 检验两种方法，检验结果如表 4-2 所示。可以看出，各个变量水平序列值在 5% 置信水平上是非平稳的，而对被解释变量、核心变量和其他变量的一阶差分序列进行单位根检验时，在 5% 显著置信水平上拒绝了原假设。也就是说，各个检验变量一阶差分序列为一阶单整平稳序列。

表 4-2 面板单位根检验

检验变量		pp	IPS
dvar	水平序列值	7.215 (0.738)	4.132 (0.641)
	一阶差分值	-3.756 (0.016)	-0.954 (0.002)
divl	水平序列值	5.437 (0.651)	6.238 (0.526)
	一阶差分值	-6.753 (0.016)	-2.415 (0.002)
divj	水平序列值	3.289 (0.362)	3.788 (0.440)
	一阶差分值	-1.365 (0.006)	-2.187 (0.001)
divc	水平序列值	4.108 (0.116)	3.100 (0.215)
	一阶差分值	-2.117 (0.002)	-0.804 (0.003)
size	水平序列值	2.711 (0.427)	3.659 (0.416)
	一阶差分值	-1.680 (0.005)	-2.263 (0.001)
lear	水平序列值	9.044 (0.716)	9.530 (0.332)
	一阶差分值	-7.258 (0.001)	-5.472 (0.018)
prof	水平序列值	4.153 (0.845)	3.203 (0.681)
	一阶差分值	-3.723 (0.014)	-2.251 (0.002)
fori	水平序列值	5.126 (0.871)	3.235 (0.843)
	一阶差分值	-2.135 (0.011)	-1.246 (0.012)
mark	水平序列值	7.253 (0.914)	5.625 (0.714)
	一阶差分值	-4.236 (0.016)	-1.620 (0.011)
rl	水平序列值	3.225 (0.643)	5.245 (0.723)
	一阶差分值	-4.346 (0.002)	-9.154 (0.021)
sy	水平序列值	6.415 (0.738)	3.230 (0.544)
	一阶差分值	-2.249 (0.022)	-1.242 (0.001)
jg	水平序列值	8.163 (0.537)	4.265 (0.537)
	一阶差分值	-3.446 (0.006)	-0.914 (0.002)
jl	水平序列值	4.156 (0.280)	2.178 (0.413)
	一阶差分值	-4.480 (0.008)	-5.117 (0.000)
zd	水平序列值	3.108 (0.342)	4.156 (0.399)
	一阶差分值	-1.186 (0.001)	-1.773 (0.000)

注：括号内为 P 值。

然后对各个变量做协整检验，本书采用 Pedroni 面板协整检验法，在回归残差基础上构造 7 个检验统计量，结果如表 4-3 所示。出口国内附加值与产业集中度的协整检验在组内 Panelρ-stat 和组间 Groupρ-stat 统计量上没有通过显著性检验，出口国内附加值与所有制结构的协整检验在组间 Group pp-stat 统计量上没有通过显著性检验。不过，只有组内 Panel ADF-stat 和组间 Group ADF-stat 统计量在短样本期内的协整检验具有较好统计性能，因此实际检验中更看重这两者统计量结果。从中不难发现，各个变量间存在协整关系，解释变量、控制变量与被解释变量之间存在长期均衡关系。

表 4-3　面板协整检验

变量	组内协整检验				组间协整检验		
	v-stat	ρ-stat	pp-stat	ADF-stat	ρ-stat	pp-stat	ADF-stat
dvar	3.145**	-2.156	-6.360**	-6.794**	4.241	-4.761	-1.653**
divl	2.560**	-3.276***	-4.371***	-5.452*	2.675***	-3.251***	-3.049***
divj	3.167*	1.089***	-2.176**	-3.227**	1.803*	-1.256***	-2.801**
divc	0.227*	1.113***	-3.227**	-1.276***	-3.116**	-2.116*	-1.074***
size	1.251***	-2.453*	-6.346**	-8.315*	2.147*	-5.476**	-6.023*
lear	7.350*	-2.137**	-3.215*	-6.302***	7.312*	-2.659**	-4.723*
prof	8.431*	-5.172*	-3.260*	-6.273*	4.032**	-3.217*	-6.243*
fori	5.361**	-3.215*	-1.443*	-7.630**	5.437*	-7.751*	-6.130*
mark	7.245**	-3.201	-9.493*	-7.380*	6.318	-6.475**	-7.328*
rl	9.061**	-4.552**	-5.210*	-8.421*	6.321**	4.352*	6.407**
zd	2.016*	-3.226***	-4.381**	-5.324*	2.063**	-3.622***	-3.871**
sy	4.312**	-2.065*	-1.453*	-6.532***	4.631*	-6.451	-5.330*
jg	3.119**	-3.176**	0.387*	3.267*	2.108*	4.167**	-3.256*
jl	0.387***	2.176***	3.217*	4.186**	3.208**	2.790*	1.893**

注：*、**、***分别表示在10%、5%、1%的水平上显著。下同。

4.3 基本估计与内生性分析

4.3.1 基本估计结果

根据式（4-3），对三类生产分工引起的出口国内附加值提升影响进行估计，为了保证估计结果的稳健性，在回归中控制地区、时间、企业、行业固定效应。结果如表4-4所示，其中，第（1）、第（2）列的生产分工为零部件分工，第（3）、第（4）列的生产分工为加工品分工，第（5）、第（6）列的生产分工为初级品分工，第（1）、第（3）、第（5）列为OLS估计，第（2）、第（4）、第（6）列为GLS估计。

表4-4 三类生产分工的估计

变量	零部件		加工品		初级品	
	（1）	（2）	（3）	（4）	（5）	（6）
div	3. 227 ***	3. 683 ***	1. 782 ***	1. 190 **	0. 728	0. 322 *
	（10. 90）	（7. 39）	（2. 77）	（2. 16）	（1. 22）	（1. 74）
size	6. 875 ***	7. 923 **	3. 672 ***	4. 336 **	0. 167 ***	0. 217 **
	（4. 35）	（2. 26）	（5. 71）	（2. 51）	（5. 10）	（2. 15）
lear	1. 394 ***	1. 481 ***	0. 415 **	0. 627 **	0. 521 ***	0. 721 **
	（5. 02）	（3. 17）	（2. 08）	（2. 15）	（4. 09）	（1. 99）
prof	0. 477 **	0. 831 **	0. 425 *	0. 623 *	1. 627 **	1. 153 **
	（2. 19）	（2. 08）	（1. 72）	（1. 89）	（2. 47）	（2. 12）
fori	4. 925 **	4. 110 **	4. 627 ***	4. 212 ***	2. 728 ***	1. 225 ***
	（2. 31）	（2. 15）	（13. 26）	（12. 13）	（5. 03）	（5. 29）
mark	−1. 340 **	−1. 691 **	−1. 721 **	−1. 934 **	−1. 346 *	−1. 106 *
	（−2. 46）	（−2. 37）	（−2. 20）	（−2. 32）	（−1. 69）	（−1. 87）
地区效应	控制	控制	控制	控制	控制	控制
时间效应	控制	控制	控制	控制	控制	控制
企业效应	控制	控制	控制	控制	控制	控制
行业效应	控制	控制	控制	控制	控制	控制

变量	零部件		加工品		初级品	
	(1)	(2)	(3)	(4)	(5)	(6)
F	64.27	53.26	73.22	78.49	91.96	116.33
R^2	0.673	0.584	0.738	0.625	0.510	0.638
obs	11045	11045	13267	13267	8272	8273

结果显示，以 GLS 估计结果为例，零部件分工对出口国内附加值的影响系数为 3.683，加工品分工对出口国内附加值的影响系数为 1.190，初级品分工对出口国内附加值的影响系数为 0.322，表明零部件分工和加工品分工均显著促进了出口国内附加值提升，并且零部件分工的影响更大，而初级品分工对出口附加值的提升影响最小。这说明，由于零部件分工具有较强的技术溢出效应，加工品分工的规模经济效应比较明显，技术溢出效应和规模经济效应对出口国内附加值都能够带来明显的提升影响。此外，技术溢出效应比规模经济效应产生的出口国内附加值提升效果更为突出。相较之下，初级品分工由于不具有技术溢出和明显的规模经济效应，导致其对出口国内附加值的提升影响最为薄弱。这意味着从提升出口国内附加值的角度看，技术溢出效应和规模经济效应都较为重要，并且前者的作用更大。

从其他控制变量的估计结果看，企业规模和企业利润对出口国内附加值的影响均显著为正，表明企业规模越大，利润越高，企业出口国内附加值的提升效果越突出。干中学和外资参与度对出口国内附加值的影响都显著为正，意味着企业的学习能力与国际化程度均有助于促进其出口国内附加值提升。产业集中度变量对出口国内附加值的影响系数显著为负，反映了产业集中度越高，意味着多数资源都集中在少数企业手里，而产业集中度的提升是不利于出口国内附加值提升的。

4.3.2 DID 与 PSM-DID 估计

为了进一步检验生产分工与出口国内附加值之间的反向因果关系，本书构建如下模型：

$$DVAR_{it} = \beta_0 + \beta_1 G(div_{it}) \times post_{it} + \beta_2 G(div_{it}) + \beta_3 post_{it} + \beta_x X_{it} + \xi_i + \varepsilon_{it} \qquad (4-13)$$

依照如下方法构建处理组和对照组：如果企业 i 在 t 年参与生产分工，那么

$G(div_{it})$ 为处理组，赋值为 1，如果企业 i 在 t 年没有参与生产分工，那么 G (div_{it}) 为对照组，赋值为 0。$post_{it}$ 为企业参与生产分工后的年份虚拟变量，如果企业 i 在 t 年参与生产分工，$post_{it}$ 取值为 1，否则取值为 0。$G(div_{it}) \times post_{it}$ 表示与对照组相比，处理组由于参与生产分工带来的出口国内附加值提升效应，X_{it} 为一系列控制变量，ξ_i 为各种固定效应，ε_{it} 为随机扰动项。为了保证 DID 估计的共同趋势假定条件，加入了企业参与生产分工的前 3 年虚拟变量，分别为 pr（1）、pr（2）、pr（3）。

采用双重差分法的估计结果如表 4-5 第（1）、第（3）、第（5）列所示，从交互项的系数看，说明与没有参与生产分工的企业相比，参与零部件分工、加工品分工、初级品分工的企业对出口国内附加值的影响系数分别为 6.287、2.115、1.097，表明生产分工明显带来了出口国内附加值的提升效果。另外，3 个虚拟变量 pr（1）、pr（2）、pr（3）的估计系数均不显著，说明企业在进行生产分工以前，处理组和对照组的出口国内附加值变化趋势是一致的。进一步地，为了更大程度地降低基准回归结果中的偏差，本书采用倾向得分匹配法与双重差分法相结合使用。具体来说，就是选择部分企业特征变量对决定企业是否参与生产分工的概率进行 Logit 估计，然后估计出来的概率是该企业的倾向得分，之后将处理组与对照组得分最为接近的行业进行匹配，匹配后，处理组与对照组变量的均值之间不能有明显差异，进而进行双重差分估计。结果如表 4-5 中第（2）、第（4）、第（6）列所示，可以看出，零部件分工、加工品分工、初级品分工对出口国内附加值的提升效果没有显著变化。

表 4-5 估计结果

变量	零部件		加工品		初级品	
	DID	PSM-DID	DID	PSM-DID	DID	PSM-DID
	（1）	（2）	（3）	（4）	（5）	（6）
$G(div_{it}) \times post_{it}$	6.287*** (8.28)	7.118*** (9.10)	2.115** (2.10)	2.736*** (6.39)	1.097* (1.74)	0.893*** (3.10)
$G(div_{it})$	3.411 (0.78)	3.061 (1.13)	2.804 (1.56)	2.167 (1.22)	0.226 (0.83)	0.415 (1.15)
$post_{it}$	−0.036 (−0.29)	−0.041 (−0.83)	−0.073 (−0.66)	−0.019 (−0.17)	−0.033 (−0.25)	−0.036 (−0.41)

变量	零部件		加工品		初级品	
	DID	PSM-DID	DID	PSM-DID	DID	PSM-DID
	（1）	（2）	（3）	（4）	（5）	（6）
pr（1）	-0.267 （-0.39）	-0.673 （-1.18）	-0.452 （-1.30）	-0.183 （-0.41）	-0.226 （-1.16）	-0.195 （-1.04）
pr（2）	-0.172 （-0.62）	-0.118 （-0.38）	-0.192 （-0.41）	-0.189 （-0.37）	-0.440 （-1.03）	-0.328 （-1.22）
pr（3）	-0.135 （-1.17）	-0.124 （-1.30）	-0.162 （-1.28）	-0.178 （-1.05）	-0.083 （-0.97）	-0.172 （-1.35）
控制变量	是	是	是	是	是	是
地区效应	控制	控制	控制	控制	控制	控制
时间效应	控制	控制	控制	控制	控制	控制
企业效应	控制	控制	控制	控制	控制	控制
行业效应	控制	控制	控制	控制	控制	控制
F	121.80	89.04	139.20	110.31	79.26	70.11
R^2	0.532	0.518	0.619	0.670	0.713	0.699
obs	6390	6390	8211	8211	4502	4502

4.3.3　稳健性分析：变换样本

　　表4-4估计中使用的是平衡面板样本。平衡面板样本的好处是数据都为经过筛选后的优质数据，但缺点是删除掉很多样本数据，也就是说，并不能很好地反映整体样本的情况，容易造成回归估计偏误，因此，有必要对所有样本构成的非平衡面板数据进行回归检验，检验结果如表4-6第（1）、第（3）、第（5）列所示。此外，在非平衡面板数据的基础上剔除极端值，因为大量极端值的存在会影响线性拟合效果，因此，需要剔除核心解释变量和被解释变量前后1%的数值，然后对剩下的样本进行回归，结果如表4-6第（2）、第（4）、第（6）列所示。通过扩大样本选择范围，考察全样本下的回归结果以及剔除核心变量极端值后的样本回归结果，来对比检验基准回归结果的稳健性。通过对比表4-6和表4-4的回归结果可以发现，核心解释变量的估计系数大小和正负号都没有发生显著性变化，检验结果与表4-4回归结果基本一致，表明表4-4的回归估计分析具有稳健性。

表4-6　变换样本的分析

变量	零部件		加工品		初级品	
	非平衡面板	剔除极端值	非平衡面板	剔除极端值	非平衡面板	剔除极端值
	（1）	（2）	（3）	（4）	（5）	（6）
div	4.227***	4.118***	2.110***	1.672**	0.450	0.461**
	(7.44)	(8.93)	(10.80)	(2.31)	(1.37)	(2.09)
控制变量	是	是	是	是	是	是
地区效应	控制	控制	控制	控制	控制	控制
时间效应	控制	控制	控制	控制	控制	控制
企业效应	控制	控制	控制	控制	控制	控制
行业效应	控制	控制	控制	控制	控制	控制
F	90.37	120.33	85.99	112.08	72.39	78.28
R^2	0.329	0.412	0.278	0.425	0.392	0.223
obs	14208	12331	16220	11883	9566	8017

4.4　异质性分析

4.4.1　不同技术密度

为了更加细致地考察生产分工对出口国内附加值的提升效应，按照企业技术密度对样本组进行划分，本书采用各个行业的科研经费支出占行业生产总值比重，并进行三等分来衡量，相关数据来自《中国工业经济统计年鉴》，依据企业所属行业将所有企业划分为高技术密度、中技术密度、低技术密度三类，在式（4-3）基础上，设定如下模型：

$$DVAR_{it} = \gamma_1 div_{it} \times gao + \gamma_2 div_{it} \times zhong + \gamma_3 div_{it} \times di + \gamma_x X_{it} + \xi_i + \varepsilon_{it} \qquad (4\text{-}14)$$

式中，gao 表示高技术企业的虚拟变量，$zhong$ 表示中技术企业的虚拟变量，di 表示低技术企业的虚拟变量，其他变量符号的含义与式（4-3）相同。不同技术密度企业的估计结果如表4-7所示，其中，第（1）、第（3）、第（5）列为OLS估计，第（2）、第（4）、第（6）列为GLS估计。以表4-7中的GLS估计结果为例,高技术密度行业的零部件分工与出口国内附加值表现为正相关,中低技术密度行业的零部件分工没有表现出这种关系,中低技术密度行业的加工品分工和初级品分工与出口国内附加值表现为正相关,而高技术密度行业的加工品分工和初级品分工没有表现出这种关系。由此可以看出,高技术密度行业的零部件分工对出口国内附加值具有显著的技术溢出效应,中低技术密度行业的加工品分工和初级品分工对出口国内附加值具有显著的规模经济效应。以上结果表明,高技术密度行业的零部件分工显著促进了出口国内附加值提升,但高技术密度行业的加工品分工和初级品分工对出口国内附加值的提升影响不显著。中低技术密度行业的加工品分工和初级品分工显著提升了出口国内附加值,而中低技术密度行业的零部件分工对出口国内附加值没有提升作用。

表4-7 基于不同技术密度的分析

变量	零部件		加工品		初级品	
	(1)	(2)	(3)	(4)	(5)	(6)
$div\times gao$	10.226*** (23.20)	11.352*** (18.03)	2.336 (0.81)	1.453 (0.79)	0.919 (1.45)	0.428 (0.62)
$div\times zhong$	1.226 (0.82)	1.894 (1.17)	5.782*** (7.19)	6.183*** (8.02)	0.358* (1.73)	0.245* (1.65)
$div\times di$	0.334 (1.04)	0.362 (0.89)	0.838** (1.99)	0.425* (1.74)	1.723*** (5.70)	1.428*** (3.88)
控制变量	是	是	是	是	是	是
地区效应	控制	控制	控制	控制	控制	控制
时间效应	控制	控制	控制	控制	控制	控制
企业效应	控制	控制	控制	控制	控制	控制
行业效应	控制	控制	控制	控制	控制	控制
F	139.20	99.63	86.79	110.42	91.34	102.71
R^2	0.513	0.425	0.617	0.338	0.403	0.367

4.4.2 不同企业规模

按照企业的从业人员数量规模大小将所有企业进行三等分,分别归类为大规模、中等规模和小规模三类企业,设定如下模型:

$$DVAR_{it} = \gamma_1 div_{it} \times da + \gamma_2 div_{it} \times zhong + \gamma_3 div_{it} \times xiao + \gamma_x X_{it} + \xi_i + \varepsilon_{it} \tag{4-15}$$

式中，da 表示大规模企业的虚拟变量，$zhong$ 表示中等规模企业的虚拟变量，$xiao$ 表示小规模企业的虚拟变量，其他变量符号的含义与式（4-3）相同。不同规模企业的估计结果如表4-8所示，其中，第（1）、第（3）、第（5）列为OLS 估计，第（2）、第（4）、第（6）列为 GLS 估计。以表4-8 中的 GLS 估计结果为例，大规模企业的零部件分工与出口国内附加值表现为正相关，中小规模企业的零部件分工没有表现出这种关系，中小规模企业的加工品分工和初级品分工与出口国内附加值表现为正相关，而大规模企业的加工品分工和初级品分工没有表现出这种关系。由此可以看出，大规模企业的零部件分工对出口国内附加值具有显著的技术溢出效应，中小规模企业的加工品分工和初级品分工对出口国内附加值具有明显的规模经济效应。以上结果表明，大规模企业的零部件分工显著促进了出口国内附加值提升，但大规模企业的加工品分工和初级品分工对出口国内附加值的提升影响不显著。中小规模企业的加工品分工和初级品分工显著提升了出口国内附加值，而中小规模企业的零部件分工对出口国内附加值没有提升作用。

表 4-8 基于不同企业规模的分析

变量	零部件		加工品		初级品	
	（1）	（2）	（3）	（4）	（5）	（6）
$div \times da$	4.112***	5.167***	2.339	1.877	0.411	0.354
	(8.53)	(4.08)	(0.17)	(0.68)	(1.02)	(0.90)
$div \times zhong$	1.480	1.213	5.108***	6.341***	0.416*	0.330*
	(0.91)	(1.05)	(8.30)	(7.21)	(1.76)	(1.82)
$div \times xiao$	0.456	0.398	0.641**	0.377*	1.650***	1.552***
	(1.17)	(0.91)	(2.02)	(1.80)	(4.51)	(3.10)
控制变量	是	是	是	是	是	是
地区效应	控制	控制	控制	控制	控制	控制
时间效应	控制	控制	控制	控制	控制	控制
企业效应	控制	控制	控制	控制	控制	控制
行业效应	控制	控制	控制	控制	控制	控制
F	190.33	156.02	142.98	130.27	118.26	125.61
R^2	0.243	0.156	0.290	0.330	0.245	0.189

4.4.3 不同贸易方式

将所有企业划分为加工贸易和一般贸易两种方式，在不同贸易方式下，考察企业的生产分工对出口国内附加值的影响。企业贸易方式依据海关进出口贸易数据库进行划分。此外，海关数据库中也有混合贸易方式，此类贸易的生产分工区分较为复杂，因此这里删去此类贸易方式的企业样本。设定如下模型：

$$DVAR_{it} = \gamma_1 div_{it} \times yb + \gamma_2 div_{it} \times jg + \gamma_x X_{it} + \xi_i + \varepsilon_{it} \qquad (4-16)$$

式中，yb 表示一般贸易企业的虚拟变量，jg 表示加工贸易企业的虚拟变量，其他变量符号的含义与式（4-3）相同。不同贸易方式的估计结果如表4-9所示，其中，第（1）、第（3）、第（5）列为 OLS 估计，第（2）、第（4）、第（6）列为 GLS 估计。以表4-9 中的 GLS 估计结果为例，一般贸易企业的零部件分工与出口国内附加值表现为正相关，加工贸易企业的零部件分工没有表现出这种关系，加工贸易企业的加工品分工和初级品分工与出口国内附加值表现为正相关，而一般贸易企业的加工品分工和初级品分工没有表现出这种关系。由此可以看出，一般贸易企业的零部件分工对出口国内附加值具有显著的技术溢出效应，加工贸易企业的加工品分工和初级品分工对出口国内附加值具有明显的规模经济效应。以上结果表明，一般贸易企业的零部件分工显著促进了出口国内附加值提升，但一般贸易企业的加工品分工和初级品分工对出口国内附加值的提升影响不显著。加工贸易企业的加工品分工和初级品分工显著提升了出口国内附加值，而加工贸易企业的零部件分工对出口国内附加值没有提升作用。

表 4-9 基于不同贸易方式的分析

变量	零部件		加工品		初级品	
	（1）	（2）	（3）	（4）	（5）	（6）
$div \times yb$	9.437*** (20.34)	10.321*** (25.60)	1.008 (0.42)	0.853 (0.92)	0.578 (1.42)	0.590 (0.83)
$div \times jg$	1.182 (0.43)	1.445 (1.26)	3.276*** (5.20)	3.128*** (6.49)	0.026** (1.98)	0.033** (2.17)
控制变量	是	是	是	是	是	是
地区效应	控制	控制	控制	控制	控制	控制
时间效应	控制	控制	控制	控制	控制	控制

续表

变量	零部件		加工品		初级品	
	（1）	（2）	（3）	（4）	（5）	（6）
企业效应	控制	控制	控制	控制	控制	控制
行业效应	控制	控制	控制	控制	控制	控制
F	87.34	85.63	110.22	120.31	95.38	81.03
R^2	0.398	0.345	0.413	0.426	0.336	0.350

4.5　要素禀赋结构的门槛分析

基于前面理论分析，要素禀赋结构变化对生产分工引起的出口国内附加值提升具有一定影响，因此，本书基于人力资本、所有制结构、金融规模、金融效率、制度服务考察要素禀赋结构变化如何作用于生产分工对出口国内附加值的影响。

4.5.1　零部件分工的要素禀赋结构门槛效应

4.5.1.1　门槛检验

零部件分工门槛模型下，要素禀赋结构变化的门槛变量显著性检验结果如表4-10所示，可以看出，人力资本的单门槛检验 F 值为 10.227，P 值为 0.061，说明人力资本通过 10% 的置信水平检验，存在单门槛效应，人力资本的双门槛检验 F 值为 14.278，P 值为 0.077，说明人力资本通过 10% 的置信水平检验，存在双门槛效应，人力资本的三门槛检验 F 值为 5.228，P 值为 0.315，说明人力资本没有通过显著置信水平检验，不存在三门槛效应。所有制结构的单门槛检验 F 值为 20.118，P 值为 0.022，表明所有制结构通过 5% 的置信水平检验，存在单门槛效应，所有制结构的双门槛检验 F 值为 16.341，P 值为 0.031，说明所有制结构通过 5% 的置信水平检验，存在双门槛效应，所有制结构的三门槛检验 F 值为 24.607，P 值为 0.030，说明所有制结构通过 5% 的置信水平检验，存在三门槛效应。金融规模的单门槛检验、双门槛检验和三门槛检验 P 值均没有通过显著性检验，说明金融规模不存在单门槛、双门槛和三门槛效应。金融效率的单门槛检验和三门槛检验 P 值均没有通过显著性检验，说明金融效率不存在单门槛和三门槛效应，但金融效率的双门槛检验 F 值为 6.338，P 值为 0.070，说明金融效率通过 10% 的置信水平检验，存在双门槛效应。制度服务的单门槛检验 F 值为 30.227，P 值为 0.005，说明制度服务通过 1% 的置信水平检验，存在单门槛效应，制度服务的双门槛检验 F 值为 24.184，P 值为 0.007，说明制度服务通过 1% 的置信水平检验，存在双门槛效应，制度服务的三门槛检验 F 值为 20.183，P 值为 0.223，制度服务的三门槛检验 P 值没有通过显著性检验，说明制度服务不存在三门槛效应。

表 4-10 零部件分工的要素禀赋结构门槛显著性检验

变量	门槛数	估计值	置信区间	F 值	P 值
人力资本	单门槛	0.018	[0.015, 0.020]	10.227*	0.061
	双门槛	0.034	[0.018, 0.053]	14.278*	0.077
	三门槛	0.051	[0.030, 0.053]	5.228	0.315
所有制结构	单门槛	0.516	[0.418, 0.524]	20.118**	0.022
	双门槛	0.638	[0.530, 0.715]	16.341**	0.031
	三门槛	0.773	[0.715, 0.820]	24.607**	0.030
金融规模	单门槛	0.055	[0.015, 0.120]	4.410	0.168
	双门槛	0.083	[0.075, 0.220]	10.904	0.113
	三门槛	1.024	[0.815, 1.820]	12.041	0.145
金融效率	单门槛	0.234	[0.103, 0.404]	10.894	0.163
	双门槛	0.418	[0.259, 0.913]	6.338*	0.070
	三门槛	0.790	[0.550, 1.102]	7.217	0.251
制度服务	单门槛	0.016	[0.003, 0.081]	30.227***	0.005
	双门槛	0.037	[0.011, 0.133]	24.184***	0.007
	三门槛	0.629	[0.441, 1.298]	20.183	0.223

总之，人力资本和制度服务均通过了单门槛和双门槛检验，所有制结构通过了单门槛、双门槛、三门槛检验，金融规模没有通过各类门槛检验，金融效率通过双门槛检验。

4.5.1.2 门槛回归

要素禀赋结构变化情况下的零部件分工对出口国内附加值影响的门槛模型估

计结果如表 4-11 所示。可以看出，在人力资本门槛条件下，当人力资本水平低于 0.018 时，零部件分工对出口国内附加值的影响系数为 0.117，通过 1% 显著性检验，当人力资本水平介于 0.018~0.034 时，影响系数变为 3.287，但不显著，说明人力资本要素禀赋较弱时，人力资本对零部件分工提升出口国内附加值影响的强化作用较小。当人力资本水平高于 0.034 时，影响系数变为 4.117，且通过 1% 显著性检验，这说明随着人力资本要素禀赋的增强，零部件分工提升出口国内附加值的影响得到了明显加强。

表 4-11　零部件分工的要素禀赋结构门槛估计

变量	人力资本	所有制结构	金融效率	制度服务
$divl-m1$	0.117*** (5.18)	2.003** (2.10)	2.671** (2.18)	0.225* (1.70)
$divl-m2$	3.287 (0.25)	1.791*** (4.28)	2.170 (1.13)	1.833 (0.99)
$divl-m3$	4.117*** (7.30)	1.118*** (3.13)	4.299*** (5.16)	1.902** (2.10)
$divl-m4$		0.793 (0.88)		
$size$	3.178** (2.17)	3.006** (2.10)	2.116** (2.03)	3.125** (2.08)
$lear$	1.678*** (4.80)	1.526** (2.23)	1.563*** (5.17)	1.924** (2.28)
$prof$	0.518** (2.11)	0.729** (2.17)	0.615** (1.99)	0.823** (2.01)
$fori$	4.813** (1.99)	3.100** (2.00)	4.955** (2.13)	3.0380** (2.23)
$mark$	−1.416** (−2.14)	−1.123** (−2.19)	−1.517** (−2.26)	−1.429** (−2.41)
地区效应	控制	控制	控制	控制
时间效应	控制	控制	控制	控制
企业效应	控制	控制	控制	控制
行业效应	控制	控制	控制	控制
F	67.83	93.11	105.62	130.24

变量	人力资本	所有制结构	金融效率	制度服务
R^2	0.378	0.417	0.330	0.451
obs	8233	8233	8233	8233

在所有制结构门槛条件下，当民营资本占比低于 0.516 时，零部件分工对出口国内附加值的影响系数为 2.003，通过 5% 显著性检验，当民营资本占比介于 0.516~0.638 时，影响系数变为 1.791，通过 1% 显著性检验，说明民营资本占比较弱时，零部件分工提升出口国内附加值的作用更大。当民营资本占比介于 0.638~0.773 时，影响系数变为 1.118，且通过 1% 显著性检验，当民营资本占比高于 0.773 时，影响系数变为 0.793，并且没有通过显著性检验，说明随着民营资本占比的增强，抑制了零部件分工对出口国内附加值的提升作用。

在金融效率门槛条件下，当金融效率低于 0.234 时，零部件分工对出口国内附加值的影响系数为 2.671，通过 5% 显著性检验，当金融效率介于 0.234~0.418 时，影响系数变为 2.170，但不显著，说明金融效率要素禀赋较弱时，对零部件分工提升出口国内附加值的加强作用较小。当金融效率高于 0.418 时，影响系数变为 4.299，且通过 1% 显著性检验，说明随着金融效率要素禀赋的增强，零部件分工提升出口国内附加值的影响得到了加强。

在制度服务门槛条件下，当制度服务低于 0.016 时，零部件分工对出口国内附加值的影响系数为 0.225，通过 10% 显著性检验，当制度服务介于 0.016~0.037 时，影响系数变为 1.833，但不显著，说明制度服务要素禀赋较弱时，对零部件分工提升出口国内附加值的加强作用较小。当制度服务高于 0.037 时，影响系数变为 1.902，且通过 5% 显著性检验，说明随着制度服务要素禀赋的增强，零部件分工提升出口国内附加值的影响得到了加强。

4.5.2 加工品分工的要素禀赋结构门槛效应

4.5.2.1 门槛检验

加工品分工门槛模型下，要素禀赋结构变化的门槛变量显著性检验结果如表 4-12 所示，从中可以看出，人力资本的单门槛检验 F 值为 16.332，P 值为 0.024，说明人力资本通过 5% 的置信水平检验，存在单门槛效应，人力资本的双门槛检验 F 值为 10.203，P 值为 0.428，没有通过显著置信水平检验，不存在双门槛效应，人力资本的三门槛检验 F 值为 11.272，P 值为 0.299，说明人力资本没有通过显著置信水平检验，不存在三门槛效应。所有制结构的单门槛检验 F 值为 25.708，P 值为 0.030，说明所有制结构通过 5% 的置信水平检验，存在单门槛效应，所有制结构的双门槛检验 F 值为 30.116，P 值为 0.043，说明所有制结构通过 5% 的置信水平检验，存在双门槛效应，所有制结构的三门槛检验 F 值为 33.288，P 值为 0.161，说明所有制结构没有通过置信水平检验，不存在三门槛效应。金融规模的单门槛检验 F 值为 2.380，P 值为 0.003，说明金融规模通过 1% 的置信水平检验，存在单门槛效应，金融规模的双门槛检验 F 值为 4.229，P 值为 0.000，说明金融规模通过 1% 的置信水平检验，存在双门槛效应，金融规模的三门槛检验 F 值为 2.107，P 值为 0.017，通过 5% 显著置信水平检验，说明金融规模存在三门槛效应。金融效率的单门槛检验、双门槛和三门槛检验 P 值均没有通过显著性检验，说明金融效率不存在单门槛、双门槛和三门槛效应。制度服务的单门槛检验 F 值为 15.287，P 值为 0.000，说明制度服务通过 1% 的置信水平检验，存在单门槛效应，制度服务的双门槛检验 F 值为 17.201，P 值为 0.001，说明制度服务通过 1% 的置信水平检验，存在双门槛效应，制度服务的三门槛检验 F 值为 24.116，P 值为 0.426，制度服务的三门槛检验 P 值没有通过显著性检验，说明制度服务不存在三门槛效应。

表 4-12　加工品分工的要素禀赋结构门槛显著性检验

项目	门槛数	估计值	置信区间	F 值	P 值
人力资本	单门槛	0.054	[0.029, 0.055]	16.332**	0.024
	双门槛	0.066	[0.061, 0.068]	10.203	0.428
	三门槛	0.070	[0.069, 0.083]	11.272	0.299
所有制结构	单门槛	0.352	[0.226, 0.396]	25.708**	0.030
	双门槛	0.417	[0.399, 0.510]	30.116**	0.043
	三门槛	0.528	[0.516, 0.638]	33.288	0.161
金融规模	单门槛	0.031	[0.024, 0.049]	2.380***	0.003
	双门槛	0.057	[0.042, 0.088]	4.229***	0.000
	三门槛	1.044	[0.912, 1.304]	2.107**	0.017

项目	门槛数	估计值	置信区间	F 值	P 值
金融效率	单门槛	0.257	[0.116, 0.329]	4.178	0.224
	双门槛	0.548	[0.410, 0.667]	3.005	0.670
	三门槛	0.818	[0.713, 1.389]	5.172	0.812
制度服务	单门槛	0.157	[0.087, 0.223]	15.287***	0.000
	双门槛	0.218	[0.204, 0.260]	17.201***	0.001
	三门槛	0.629	[0.442, 0.935]	24.116	0.426

总之，人力资本通过单门槛检验，所有制结构、制度服务通过了单门槛、双门槛检验，金融规模通过了单门槛、双门槛、三门槛检验，金融效率没有通过各类门槛检验。

4.5.2.2　门槛回归

要素禀赋结构变化情况下的加工品分工对出口国内附加值影响的门槛模型估计结果如表 4-13 所示。

表 4-13　加工品分工的要素禀赋结构门槛估计

变量	人力资本	所有制结构	金融规模	制度服务
$divj\text{-}m1$	0.026** (2.01)	0.381* (1.76)	1.117* (1.74)	0.310** (2.04)
$divj\text{-}m2$	1.063* (1.85)	0.344* (1.87)	1.883 (1.42)	0.267* (1.68)
$divj\text{-}m3$	2.116 (1.08)	1.027*** (4.06)	3.165*** (4.10)	1.453** (2.23)
$divj\text{-}m4$			2.187*** (6.19)	
$size$	2.104*** (3.45)	2.109** (2.30)	2.444** (1.98)	2.031** (2.02)
$lear$	1.717*** (5.60)	1.834** (2.50)	1.918*** (3.42)	1.990** (2.10)
$prof$	0.690** (2.54)	0.512** (2.03)	0.647** (1.99)	0.717** (2.30)

续表

变量	人力资本	所有制结构	金融规模	制度服务
fori	4.245 **	3.828 **	4.810 **	4.111 **
	(2.17)	(2.44)	(2.20)	(2.36)
mark	−1.325 **	−1.478 **	−1.665 **	−1.529 **
	(−2.20)	(−2.16)	(−2.01)	(−2.37)
地区效应	控制	控制	控制	控制
时间效应	控制	控制	控制	控制
企业效应	控制	控制	控制	控制
行业效应	控制	控制	控制	控制
F	83.17	77.42	91.16	85.33
R^2	0.413	0.510	0.448	0.379
obs	11035	11035	11035	11035

可以看出，在人力资本门槛条件下，当人力资本水平低于0.054时，加工品分工对出口国内附加值的影响系数为0.026，通过5%显著性检验，当人力资本水平介于0.054~0.066时，影响系数变为1.063，通过10%显著置信水平检验，说明人力资本要素禀赋较弱时，随着人力资本的提升，对加工品分工促进出口国内附加值提升的加强作用较为明显。当人力资本水平高于0.066时，影响系数变为2.116，没有通过显著性检验，说明当人力资本要素禀赋程度高到一定程度时，人力资本要素禀赋继续提升，就不会导致加工品分工影响出口国内附加值的作用得到加强。

在所有制结构门槛条件下，当民营资本占比低于0.352时，加工品分工对出口国内附加值的影响系数为0.381，通过10%显著性检验，当民营资本占比介于0.352~0.417时，影响系数变为0.344，通过10%显著性检验，说明民营资本占比较弱时，加工品分工对出口国内附加值的影响作用较小。当民营资本占比高于0.417时，影响系数变为1.027，且通过1%显著性检验，说明随着民营资本占比的增强，加工品分工对出口国内附加值的提升作用得到了强化。

在金融规模门槛条件下，当金融规模低于0.031时，加工品分工对出口国内附加值的影响系数为1.117，通过10%显著性检验，当金融规模介于0.031~0.057时，影响系数变为1.883，但并不显著，说明金融规模要素禀赋较弱时，对加工品分工提升出口国内附加值的强化作用较小。当金融规模介于0.057~

1.044 时，影响系数变为 3.165，通过 1% 显著性检验，当金融规模高于 1.044 时，影响系数变为 2.187，且通过 1% 显著性检验，说明随着金融规模要素禀赋的增强，加工品分工对出口国内附加值的提升影响得到了加强。

在制度服务门槛条件下，当制度服务低于 0.157 时，加工品分工对出口国内附加值的影响系数为 0.310，通过 5% 显著性检验，当制度服务介于 0.157~0.218 时，影响系数变为 0.267，通过 10% 显著性检验，说明制度服务要素禀赋较弱时，对加工品分工提升出口国内附加值的加强作用较小。当制度服务高于 0.218 时，影响系数变为 1.453，且通过 5% 显著性检验，说明随着制度服务要素禀赋的增强，加工品分工对出口国内附加值的提升影响得到了显著加强。

4.5.3 初级品分工的要素禀赋结构门槛效应

4.5.3.1 门槛检验

初级品分工门槛模型下，要素禀赋结构变化的门槛变量显著性检验结果如表 4-14 所示，从中可以看出，人力资本的单门槛检验 F 值为 6.287，P 值为 0.026，说明人力资本通过 5% 的置信水平检验，存在单门槛效应，人力资本的双门槛检验 F 值为 7.920，P 值为 0.631，没有通过显著置信水平检验，不存在双门槛效应，人力资本的三门槛检验 F 值为 5.418，P 值为 0.479，说明人力资本没有通过显著置信水平检验，不存在三门槛效应。所有制结构的单门槛检验 F 值为 14.263，P 值为 0.035，说明所有制结构通过 5% 的置信水平检验，存在单门槛效应，所有制结构的双门槛检验 F 值为 17.281，P 值为 0.027，说明所有制结构通过 5% 的置信水平检验，存在双门槛效应，所有制结构的三门槛检验 F 值为 21.445，P 值为 0.268，说明所有制结构没有通过置信水平检验，不存在三门槛效应。金融规模的单门槛检验 F 值为 10.567，P 值为 0.001，说明金融规模通过 1% 的置信水平检验，存在单门槛效应，金融规模的双门槛检验 F 值为 15.330，P 值为 0.000，说明金融规模通过 1% 的置信水平检验，存在双门槛效应，金融规模的三门槛检验 F 值为 12.891，P 值为 0.325，说明金融规模没有通过置信水平检验，不存在三门槛效应。金融效率的单门槛、双门槛和三门槛检验 P 值均没有通过显著性检验，说明金融效率不存在单门槛、双门槛和三门槛效应。制度服务的单门槛检验 F 值为 20.335，P 值为 0.002，说明制度服务通过 1% 的置信水平检验，存在单门槛效应，制度服务的双门槛检验 F 值为 25.218，P 值为 0.003，说明制度服务通过 1% 的置信水平检验，存在双门槛效应，制度服务的三门槛检验 F 值为 22.330，P 值为 0.510，制度服务的三门槛检验 P 值没有通过显著性检验，说明制度服务不存在三门槛效应。

总之，人力资本通过单门槛检验，所有制结构、金融规模、制度服务通过了单门槛、双门槛检验，金融效率没有通过各类门槛检验。

表 4-14　初级品分工的要素禀赋结构门槛显著性检验

变量	门槛数	估计值	置信区间	F 值	P 值
人力资本	单门槛	0.011	[0.005, 0.017]	6.287 **	0.026
	双门槛	0.025	[0.020, 0.040]	7.920	0.631
	三门槛	0.049	[0.045, 0.061]	5.418	0.479
所有制结构	单门槛	0.163	[0.110, 0.213]	14.263 **	0.035
	双门槛	0.258	[0.217, 0.352]	17.281 **	0.027
	三门槛	0.419	[0.326, 0.510]	21.445	0.268
金融规模	单门槛	0.022	[0.015, 0.028]	10.567 ***	0.001
	双门槛	0.046	[0.030, 0.061]	15.330 ***	0.000
	三门槛	1.175	[0.742, 1.505]	12.891	0.325
金融效率	单门槛	0.539	[0.428, 0.610]	5.760	0.443
	双门槛	0.712	[0.636, 0.778]	7.332	0.521
	三门槛	0.994	[0.800, 1.565]	8.256	0.624
制度服务	单门槛	0.215	[0.178, 0.262]	20.335 ***	0.002
	双门槛	0.279	[0.265, 0.299]	25.218 ***	0.003
	三门槛	0.503	[0.330, 0.676]	22.330	0.510

4.5.3.2　门槛回归

要素禀赋结构变化情况下的初级品分工对出口国内附加值影响的门槛模型估计结果如表 4-15 所示。

表 4-15　初级品分工的要素禀赋结构门槛估计

变量	人力资本	所有制结构	金融规模	制度服务
$divc-m1$	0.104 *** (3.55)	0.412 ** (1.98)	0.427 * (1.65)	0.529 *** (6.11)

变量	人力资本	所有制结构	金融规模	制度服务
divc-m2	0.226 （1.10）	0.456** （2.30）	1.230 （1.13）	0.418** （2.44）
divc-m3	0.053 （0.77）	0.772*** （7.11）	2.422*** （5.14）	1.751** （2.30）
size	4.103*** （7.82）	5.227** （2.16）	4.093** （2.13）	4.803** （2.44）
lear	1.032*** （8.29）	1.440** （2.16）	1.723*** （5.63）	1.845** （2.37）
prof	1.783** （2.17）	0.904** （2.44）	0.856** （2.03）	0.919** （2.57）
fori	2.218** （2.26）	3.157** （2.18）	3.116** （2.30）	3.426** （2.29）
mark	-1.479* （-1.68）	-1.522* （-1.72）	-1.610* （-1.83）	-1.602* （-1.74）
地区效应	控制	控制	控制	控制
时间效应	控制	控制	控制	控制
企业效应	控制	控制	控制	控制
行业效应	控制	控制	控制	控制
F	177.32	110.35	142.71	138.58
R^2	0.336	0.412	0.289	0.217
obs	5292	5292	5292	5292

从表4-15可以看出，在人力资本门槛条件下，当人力资本水平低于0.011时，初级品分工对出口国内附加值的影响系数为0.104，通过1%显著性检验，当人力资本水平介于0.011~0.025时，影响系数变为0.226，没有通过显著置信水平检验，说明人力资本要素禀赋较低时，初级品分工对出口国内附加值提升的加强作用很明显。当人力资本水平高于0.025时，影响系数变为0.053，没有通过显著性检验，说明随着人力资本要素禀赋的提升，并没有明显引起初级品分工影响出口国内附加值的作用得到加强，即在人力资本处于较低水平时，初级品分工对出口国内附加值的提升作用就可以实现。

在所有制结构门槛条件下，当民营资本占比低于0.163时，初级品分工对出口国内附加值的影响系数为 0.412，通过 5% 显著性检验，当民营资本占比介于 0.163~0.258 时，影响系数变为 0.456，通过 5% 显著性检验，说明民营资本占比较弱时，初级品分工对出口国内附加值的影响作用较小。当民营资本占比高于 0.258 时，影响系数变为 0.772，且通过 1% 显著性检验，说明随着民营资本占比的增强，初级品分工对出口国内附加值的提升作用也得到了强化。

在金融规模门槛条件下，当金融规模低于 0.022 时，初级品分工对出口国内附加值的影响系数为 0.427，通过 10% 显著性检验，当金融规模介于 0.022 ~ 0.046 时，影响系数变为 1.230，但不显著，说明金融规模要素禀赋较弱时，对初级品分工提升出口国内附加值的强化作用较小。当金融规模介于 0.046~1.175 时，影响系数变为 2.422，通过 1% 显著性检验，说明随着金融规模要素禀赋的增强，初级品分工对出口国内附加值的提升作用得到加强。

在制度服务门槛条件下，当制度服务低于 0.215 时，初级品分工对出口国内附加值的影响系数为 0.529，通过 1% 显著性检验，当制度服务介于 0.215~0.279 时，影响系数变为 0.418，通过 5% 显著性检验，说明制度服务要素禀赋较弱时，对初级品分工提升出口国内附加值的加强作用较小。当制度服务高于 0.279 时，影响系数变为 1.751，且通过 5% 显著性检验，说明随着制度服务要素禀赋的增强，初级品分工对出口国内附加值的提升影响得到了加强。

4.6 本章小结

本章基于 2002~2020 年生产分工、出口国内附加值和企业的面板数据，分析了零部件分工、加工品分工和初级品分工对出口国内附加值的影响，主要包括三个部分：一是考察生产分工对出口国内附加值的基本估计，以及内生性问题和稳健性检验。二是异质性分析，包括不同技术密度、不同企业规模、不同贸易方式。三是考察要素禀赋结构情况下生产分工对出口国内附加值影响的门槛估计。得出结论如下：

（1）在控制住企业规模、干中学、企业利润、外资参与度、产业集中度等变量后发现，零部件分工和加工品分工对出口国内附加值的提升作用较为明显，而初级品分工对出口国内附加值的提升作用较弱。主要原因是，与初级品分工相比，零部件分工具有较强的技术溢出效应，加工品分工的规模经济效应则比较突出。采用 DID 和 PSM-DID 的内生性问题分析表明，研究结论没有发生明显变化，在考虑非平衡面板数据和剔除极端值的样本数据变换后，基本研究结论依然成立。

（2）异质性分析的研究结论认为，从不同技术密度视角看，高技术密度行业的零部件分工显著促进了出口国内附加值提升，中低技术密度行业的加工品分工和初级品分工显著提升了出口国内附加值。从不同企业规模角度看，大规模企业的零部件分工显著促进了出口国内附加值提升，中小规模企业的加工品分工和初级品分工显著提升了出口国内附加值。从贸易方式因素看，一般贸易企业的零部件分工显著促进了出口国内附加值提升，加工贸易企业的加工品分工和初级品分工显著提升了出口国内附加值。

（3）当考虑要素禀赋结构变化时，在不同的要素禀赋结构水平下，生产分工对出口国内附加值的影响表现出门槛效应特征。

1）对于零部件分工：在人力资本门槛条件下，当人力资本要素禀赋较弱时，人力资本对零部件分工提升出口国内附加值影响的强化作用较小，随着人力资本要素禀赋的增强，零部件分工提升出口国内附加值的影响得到明显加强。在所有制结构门槛条件下，当民营资本占比较弱时，零部件分工提升出口国内附加值的作用更大，而随着民营资本占比的提高，零部件分工对出口国内附加值的提升作用会受到抑制。在金融规模门槛条件下，零部件分工对出口国内附加值的影响没有表现出门槛效应特征。在金融效率门槛条件下，当金融效率要素禀赋较弱时，金融效率对零部件分工提升出口国内附加值影响的加强作用较小，而随着金融效率要素禀赋的提高，零部件分工提升出口国内附加值的影响得到了显著强化。在制度服务门槛条件下，当制度服务要素禀赋较弱时，制度服务对零部件分工提升出口国内附加值的加强作用较小，随着制度服务要素禀赋的增强，零部件分工提升出口国内附加值的影响也得到了加强。

2）对于加工品分工：在人力资本门槛条件下，当人力资本要素禀赋较弱时，加工品分工对出口国内附加值的影响得到加强，说明人力资本要素禀赋的提高，对加工品分工提升出口国内附加值的影响作用并不明显，即加工品分工并不需要太高的人力资本水平要素禀赋支撑即可。在所有制结构门槛条件下，当民营资本占比较弱时，加工品分工对出口国内附加值的影响作用较小，随着民营资本占比的提高，加工品分工对出口国内附加值的提升作用得到强化。在金融规模门槛条件下，当金融规模要素禀赋较弱时，对加工品分工提升出口国内附加值的强化作用较小，随着金融规模要素禀赋的增强，加工品分工对出口国内附加值的提升影响得到加强。在金融效率门槛条件下，加工品分工对出口国内附加值的影响没有表现出门槛效应特征。在制度服务门槛条件下，当制度服务要素禀赋较弱时，对加工品分工提升出口国内附加值的加强作用较小，随着制度服务要素禀赋的增强，加工品分工对出口国内附加值的提升影响得到了加强。

3）对于初级品分工：在人力资本门槛条件下，当人力资本要素禀赋较低时，初级品分工对出口国内附加值提升的加强作用很明显，而随着人力资本要素禀赋的提升，初级品分工影响出口国内附加值的作用未得到加强，即在人力资本处于较低水平时，初级品分工对出口国内附加值的提升作用就可以实现。在所有制结构门槛条件下，当民营资本占比较弱时，初级品分工对出口国内附加值的影响作用较小，随着民营资本占比的提高，初级品分工对出口国内附加值的提升作用得到强化。在金融规模门槛条件下，当金融规模要素禀赋较弱时，对初级品分工提升出口国内附加值的强化作用较小，随着金融规模要素禀赋的增强，初级品分工对出口国内附加值的提升作用得到加强。在金融效率门槛条件下，初级品分工对出口国内附加值的影响没有表现出门槛效应特征。在制度服务门槛条件下，当制度服务要素禀赋较弱时，对初级品分工提升出口国内附加值影响的加强作用较小，随着制度服务要素禀赋的增强，初级品分工对出口国内附加值的提升影响得到了加强。

5 生产分工对出口国内附加值的影响
——基于地区层面分析

本章主要依据前文的理论分析，构建相关模型，实证检验我国地区层面的生产分工对出口国内附加值的影响，这一部分主要从以下方面展开：一是分析东部、中部、西部地区的生产分工对出口国内附加值的影响，包括内生性检验。二是稳健性分析，包括反事实检验、GMM 估计以及采用国际样本的数据回归。三是各省样本的差异分析，包括基本分析、波动效应、调节效应检验。

5.1　模型和变量说明

本章主要考察地区层面的生产分工对出口国内附加值的影响作用，模型设定如下：

$$DVAR_{it} = \eta div_{it} + \gamma X_{it} + \xi_{it} + \varepsilon_{it} \qquad (5-1)$$

式中，$DVAR_{it}$ 表示地区 i 在第 t 期的出口国内附加值，包括东部、中部、西部地区的出口国内附加值，div_{it} 表示地区 i 在第 t 期生产分工，包括零部件分工、加工品分工和初级品分工，X_{it} 表示诸多控制变量，ξ_{it} 表示各种固定效应，ε_{it} 表示随机误差项，主要包括一些没有列出但又影响着出口国内附加值的潜在因素变量。

各个变量的测算方法与 4.1 节相同。

5.2　地区层面的特征趋势

本节考察地区层面和各省样本的生产分工和出口国内附加值的变动趋势，

1999 年，国务院颁布了《关于进一步完善加工贸易银行保证金制度意见的通知》，特别是 2001 年加入 WTO 以后，各个地区的生产分工都有快速增长的态势，但不同省份表现出很大的差异性。发达省份的生产分工水平持续增加，基本上一直占有绝对优势。改革开放以来，国家实施倾向性发展政策，采取用发达地区带动落后地区的梯度发展战略，建立沿海开放城市和开发区，奠定了以发达地区推动落后地区的区域发展格局，这在很大程度上使东部地区培育了很好的参与生产分工的要素禀赋优势，为以后能够承接更高水平的生产分工奠定了一定基础。

5.2.1 地区层面的生产分工变化

各省的零部件分工平均水平如图 5-1 所示，北京、上海、广东、浙江、江苏等省的零部件分工平均水平较高，甘肃、宁夏、新疆、西藏等省的零部件分工平均水平较低。各省的加工品分工平均水平如图 5-2 所示，广东、福建、辽宁、四川等省的加工品分工平均水平较高，江西、北京、宁夏、西藏的加工品分工平均水平较低。各省的初级品分工平均水平如图 5-3 所示，黑龙江、吉林、青海、甘肃、宁夏的初级品分工平均水平较高，北京、江苏、浙江、天津的初级品分工平均水平较低。

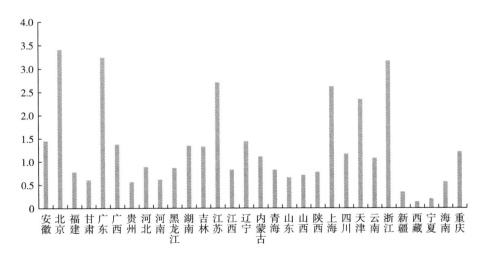

图 5-1　2002~2020 年各省的零部件分工平均水平

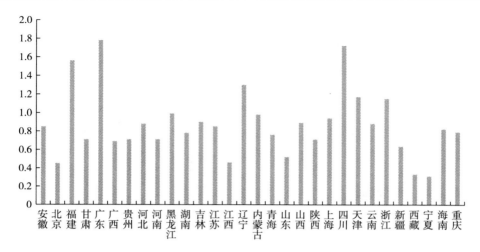

图 5-2　2002~2020 年各省的加工品分工平均水平

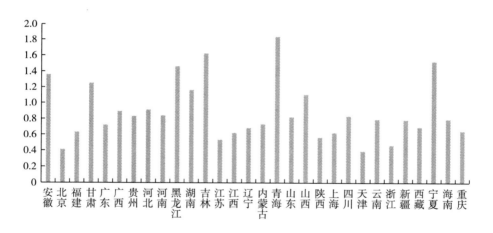

图 5-3　2002~2020 年各省的初级品分工平均水平

　　东部、中部、西部地区的零部件分工增长水平如图 5-4 所示。从总体来看,零部件分工主要集中在东部地区,从时间趋势来看,东部地区的零部件分工水平变化较为稳定,一直高于中部和西部地区,中部地区的零部件分工低于东部地区,但高于西部地区,并且中部地区的零部件分工在 2009 年以后下降较为明显,西部地区的零部件分工整体水平很低,在 2002~2020 年的变化趋势也比较稳定。

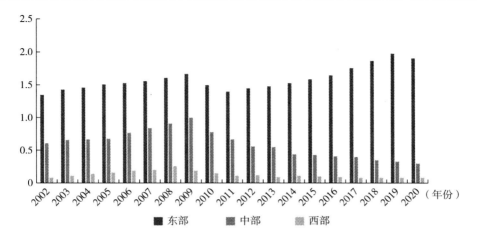

图 5-4   2002~2020 年东中西部地区的零部件分工增长水平

东部、中部、西部地区的加工品分工增长水平如图 5-5 所示，可以看出，加工品分工主要集中在中部和东部地区，且中部地区比东部地区稍微突出一些。从时间规律来看，中部地区的加工品分工水平不太稳定，在 2006 年和 2010 年的水平较高，其他年份分工水平有所回落，2016 年以后下降趋势较为明显，东部地区的加工品分工水平略低于中部地区，东部地区的加工品分工水平整体变化较为稳定，西部地区的加工品分工水平 2010 年前稳步上升，2010 年后逐年下降。

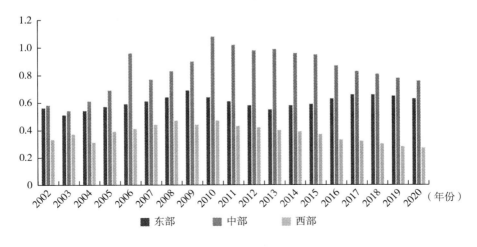

图 5-5   2002~2020 年东中西部地区的加工品分工增长水平

东部、中部、西部地区的初级品分工增长水平如图 5-6 所示，可以看出，西部地区的初级品分工水平最高，2010 年以前呈现快速增长趋势，2010 年以后的变化较为稳定，中部地区的初级品分工低于西部地区但是要高于东部地区，从时间变化趋势来看，中部地区的初级品分工在 2008 年以后逐年下降，东部地区的初级品分工水平在 2002~2020 年的变化较为稳定，整体水平要低于西部地区和中部地区。

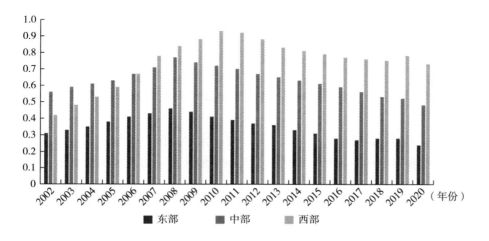

图 5-6　2002~2020 年东中西部地区的初级品分工增长水平

5.2.2　地区层面的出口国内附加值变化趋势

近年来，我国各地区在生产分工的过程中，获得了生产分工的技术溢出和规模经济效应，且由于采用中间品的先进生产标准，使得高端产品的生产能力得到了显著提升，从而实现出口国内附加值的不断攀升，但各个地区的资源优势和要素禀赋又有不同，因此各个地区的出口国内附加值提升状况也有一定差别。

依据前文的出口国内附加值计算方式，本书测算了 31 个省份在 2002~2020 年的出口国内附加值平均水平，如图 5-7 所示，出口国内附加值水平较高的地区有江苏、北京、福建、广东、浙江、上海、山东，其中，江苏最高，平均值为 23.17，而西藏、新疆、宁夏、贵州、青海的出口国内附加值水平较低，其中，西藏的平均值为 5.82。由此可见，不同省份的出口国内附加值水平差异巨大。

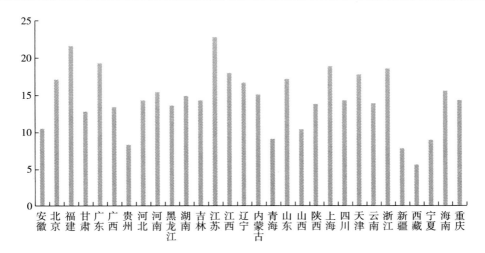

图 5-7　2002~2020 年各省的出口国内附加值平均水平

2002~2020 年我国东部、中部、西部的出口国内附加值变化趋势如图 5-8 所示，从总体看，东部的出口国内附加值水平最高，中部次之，西部最低。从变动趋势看，2009 年前，三大区域的出口国内附加值水平稳步增长，2002 年三大区域的出口国内附加值水平分别为 15.2、8.73 和 4.85，2009~2011 年受金融危机的影响，三大区域的出口国内附加值水平都有所下降，2014 年以后，各个地区的出口国内附加值水平又开始快速增长，2019 年各区域的出口国内附加值水平分别增长至 32.6、18.1 和 10.7，2020 年各区域的出口国内附加值水平有所下降。

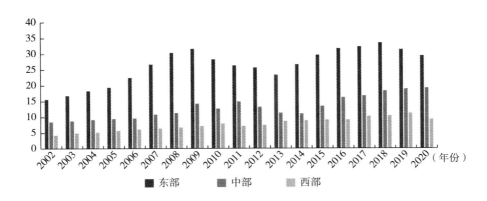

图 5-8　2002~2020 年东中西部地区的出口国内附加值变化趋势

5.3 单位根检验和协整检验

在实证分析以前，本书采用 LLC、IPS、Fisher-PP 和 Fisher-ADF 进行面板平稳性测试，结果显示：零部件分工、加工品分工和初级品分工和出口国内附加值的一阶差分序列均通过了显著性检验，表明面板数据一阶单整，单位根检验的结果如表 5-1 所示。

表 5-1 单位根检验

变量	一阶差分值：P 值			
	零部件	加工品	初级品	出口国内附加值
LLC	0. 0001	0. 0003	0. 0000	0. 0000
IPS	0. 0006	0. 0001	0. 0001	0. 0002
Fisher-PP	0. 0007	0. 0002	0. 0000	0. 0003
Fisher-ADF	0. 0012	0. 0000	0. 0002	0. 0001

为了避免可能出现的伪回归现象，基于 Pedroni（1999）的面板协整检验方法，采用以下协整方程：

$$y_{it} = \alpha_{it} + \beta_{it} t + x_{it} \delta_i + e_{it} \tag{5-2}$$

式中，$i = 1, 2, \cdots, n$；$t = 1, 2, \cdots, T$，y_{it} 和 x_{it} 分别是 $(N \times T) \times 1$ 和 $(N \times T) \times m$ 维的可观察变量，Pedroni 构造了 7 个统计量来检验面板协整关系，检验结果如表 5-2 所示。

表 5-2 面板协整检验

变量	检验方法		检验结果
零部件	组内统计量	Panel ρ-stat	-1. 631 (0. 352)
		Panel v-stat	-2. 560 ** (0. 031)
		Panel pp-stat	-7. 223 *** (0. 001)
		Panel ADF-stat	-3. 871 *** (0. 000)

续表

变量	检验方法		检验结果
零部件	组间统计量	Groupρ-stat	2.176（0.562）
		Group pp-stat	-5.382***（0.001）
		Group ADF-stat	-4.163***（0.003）
加工品	组内统计量	Panelρ-stat	-2.117（0.478）
		Panel v-stat	-5.281**（0.040）
		Panel pp-stat	-6.220***（0.000）
		Panel ADF-stat	-4.556***（0.000）
	组间统计量	Groupρ-stat	0.278（0.412）
		Group pp-stat	-6.723***（0.003）
		Group ADF-stat	-8.932***（0.000）
初级品	组内统计量	Panelρ-stat	-0.084（0.507）
		Panel v-stat	-4.276***（0.000）
		Panel pp-stat	-2.154**（0.032）
		Panel ADF-stat	-6.177***（0.001）
	组间统计量	Groupρ-stat	3.451（0.780）
		Group pp-stat	-5.031***（0.000）
		Group ADF-stat	-4.450***（0.001）
出口国内附加值	组内统计量	Panelρ-stat	-0.114（0.428）
		Panel v-stat	-3.126***（0.003）
		Panel pp-stat	-4.780**（0.042）
		Panel ADF-stat	-5.123***（0.004）
	组间统计量	Groupρ-stat	4.670（0.812）
		Group pp-stat	-3.008***（0.002）
		Group ADF-stat	-2.467***（0.000）

注：*、**、***分别表示在10%、5%、1%的水平上显著。

由表5-2可以看出，不同统计量的检验结果是有所区别的，例如，Panelρ-stat和Groupρ-stat统计量检验结果不能拒绝原假设。Pedroni认为，在样本期（t小于20期）相对较短的情况下，Panel ADF-stat、Group ADF-stat统计量的检验结果最好，Panel pp-stat、Group pp-stat统计量的检验效果次之，其他统计量的检验效果最差。由于本书的样本期为19年，因此根据Panel ADF-stat、

Group ADF-stat 统计量的检验结果判断协整关系是否科学准确。由结果可知，零部件分工、加工品分工和初级品分工与出口国内附加值之间存在协整关系，即可以进行面板数据模型回归。

5.4　基本回归和内生性检验

5.4.1　基本结果

为了判断生产分工对出口国内附加值的影响是否存在地区层面的差别，本书将全国 31 个省份划分为东、中、西部地区，东部地区有 11 个省份，中部地区有 8 个省份，西部地区有 12 个省份。

在式（5-1）基础上，设定如下模型：

$$DVAR_{it} = \gamma_1 div_{it} \times dong + \gamma_2 div_{it} \times zhong + \gamma_3 div_{it} \times xi + \gamma_x X_{it} + \xi_i + \varepsilon_{it} \tag{5-3}$$

式中，$dong$ 表示东部地区企业的虚拟变量，$zhong$ 表示中部地区企业的虚拟变量，xi 表示西部地区企业的虚拟变量。$DVAR_{it}$ 表示某地区的所有企业在第 t 期出口国内附加值，div_{it} 表示某地区的所有企业在第 t 期生产分工，X_{it} 表示诸多控制变量，ξ_i 表示各种固定效应，ε_{it} 表示随机误差项，主要包括一些没有列出但又影响着出口国内附加值的潜在因素变量。各个变量的测算方法与 4.1 节相同。为了保证估计结果的稳健性，本书同时采用面板固定效应和 GLS 回归估计。

估计结果如表 5-3 所示，其中，第（1）、第（3）、第（5）列为固定效应估计，第（2）、第（4）、第（6）列为 GLS 估计。以表 5-3 中的 GLS 估计结果为例，东部地区的零部件分工与出口国内附加值表现为正相关，中部和西部地区的零部件分工没有表现出这种关系。中部和西部地区的加工品分工与出口国内附加值表现为正相关，并且中部地区的加工品分工带来的出口国内附加值提升效应大于西部地区的加工品分工，而东部地区的加工品分工则没有带来出口国内附加值提升。西部地区的初级品分工与出口国内附加值表现为正相关，而东部地区和中部地区的初级品分工则没有表现出这种关系。由此可以看出，东部地区的零部件分工对出口国内附加值具有显著的技术溢出效应，中部地区的加工品分工和西部地区的初级品分工对出口国内附加值均具有显著的规模经济效应。

以上结果表明，东部地区的零部件分工显著促进了出口国内附加值提升，但东部地区的加工品分工和初级品分工对出口国内附加值的提升影响不显著。中部地区的加工品分工和西部地区的初级品分工显著提升了出口国内附加值，而中部地区和西部地区的零部件分工对出口国内附加值则没有提升作用。

表 5-3 基于不同地区的分析

变量	零部件		加工品		初级品	
	（1）	（2）	（3）	（4）	（5）	（6）
$div \times dong$	5.641 ** (2.10)	7.418 *** (9.04)	1.178 (0.45)	1.230 (0.61)	0.411 (1.17)	0.537 (0.88)
$div \times zhong$	0.849 (0.95)	1.135 (1.42)	4.267 *** (5.30)	4.116 *** (4.10)	0.228 * (1.61)	0.352 (1.36)
$div \times xi$	0.499 (1.36)	0.381 (0.73)	0.304 * (1.60)	0.313 * (1.65)	1.422 *** (6.16)	1.671 *** (5.39)
$size$	4.227 *** (3.16)	5.663 ** (2.19)	3.109 *** (7.81)	3.442 ** (2.13)	1.702 *** (4.16)	0.890 ** (2.41)
$learn$	1.265 *** (3.89)	1.511 *** (4.28)	0.556 ** (2.14)	0.729 ** (2.43)	0.617 *** (3.83)	0.808 ** (2.13)
$prof$	0.516 ** (2.46)	0.735 ** (2.10)	0.818 * (1.77)	0.615 * (1.92)	0.673 ** (2.35)	0.820 ** (2.44)
$fori$	5.418 ** (2.19)	5.621 ** (2.43)	4.667 *** (8.89)	5.261 *** (6.37)	3.344 *** (2.77)	2.198 *** (4.95)
$mark$	−0.783 ** (−2.13)	−0.524 ** (−2.52)	−0.372 ** (−2.43)	−0.688 ** (−2.10)	−0.734 * (−1.78)	−0.833 * (−1.90)
地区效应	控制	控制	控制	控制	控制	控制
时间效应	控制	控制	控制	控制	控制	控制
企业效应	控制	控制	控制	控制	控制	控制
行业效应	控制	控制	控制	控制	控制	控制
F	240.36	210.47	178.33	182.29	163.20	145.72
R^2	0.419	0.334	0.361	0.393	0.482	0.457

注：* 、** 、*** 分别表示在10%、5%、1%的水平上显著。

5.4.2 工具变量估计：到港口城市距离

内生性问题会导致基本估计出现严重偏倚，回归估计中的遗漏变量可能会导致内生性问题。例如，部分企业的生产分工层次不高，但同时面临着一些其他未能够观测到的特征（如营商环境较差）等外在环境都会导致影响企业的出口国内附加值。此外，生产分工也会存在内生性问题，企业的出口国内附加值越高，意味着企业越具有较高的生产效率和市场竞争力，如果其参与生产分工，则其生产分工层次肯定不会太低。适合的工具变量选取需要符合两个条件：外生性和高度相关性。故借鉴 Acharya（2017）已有研究，选取企业所在地到最近港口城市高速公路的距离倒数，道路距离数据的处理采用 Arc-GIS 软件基于经纬度进行筛选，选取该指标作为生产分工的工具变量依据如下：企业到港口城市的距离越近，说明企业的中间品进口贸易越便利，越有利于企业进行生产分工，即企业所在地到港口城市的距离影响了生产分工的深入程度。总之，选取企业所在地到港口城市的距离与生产分工指标呈现出高度的相关性。此外，企业所在地到港口城市的距离是一个固定值，企业出口国内附加值不会随着该固定值而变化，与该固定值也没有必然关系。也就是说，选取企业所在地到港口城市的距离作为工具变量整体符合外生性的要求。

工具变量的估计结果如表 5-4 所示，可以看出，到港口城市距离对零部件分工、加工品分工和初级品分工的影响均显著为正，说明到港口城市距离越近，地区的生产分工越突出，并且第一阶段 F 值大于 10，表明工具变量估计有效，从第二阶段的估计结果可以看出，东部地区的零部件分工显著促进了出口国内附加值，中部地区的加工品分工和西部地区的初级品分工对出口国内附加值提升也具有显著的促进作用，这些结论与基本回归结果一致。这表明在剔除内生性问题情况下，东部地区的零部件分工、中部地区的加工品分工和西部地区的初级品分工对出口国内附加值提升的结论没有明显变化。

表 5-4 工具变量的估计结果

变量	零部件		加工品		初级品	
	divl		*divj*		*divc*	
	（1）	（2）	（3）	（4）	（5）	（6）
距离	8.117***		17.322***		0.035**	
	（3.28）		（5.16）		（2.14）	
IV_div×dong		4.006***		2.176		0.898
		（5.72）		（0.43）		（0.46）

续表

变量	零部件		加工品		初级品	
	divl		*divj*		*divc*	
	（1）	（2）	（3）	（4）	（5）	（6）
IV_div×zhong		1.283 （1.51）		3.107*** （6.18）		0.417 （1.20）
IV_div×xi		1.100 （0.86）		0.425 （1.46）		1.775*** （3.86）
控制变量	是	是	是	是	是	是
地区效应	控制	控制	控制	控制	控制	控制
时间效应	控制	控制	控制	控制	控制	控制
企业效应	控制	控制	控制	控制	控制	控制
行业效应	控制	控制	控制	控制	控制	控制
D-W-H	4.002*** （5.17）	5.318*** （3.62）	6.107*** （4.10）	5.100*** （4.19）	7.803*** （3.27）	6.821*** （3.42）
一阶段 F 值	67.39		58.90		47.33	
R^2	0.316	0.142	0.257	0.180	0.203	0.221

5.5　稳健性检验

5.5.1　反事实检验：变更城市

　　为了考察基本实证结果的稳健性，下面进行稳健性检验。本书采用假想的处理组来进行反事实检验，具体赋值方法是，根据当年企业的变更城市情况，生成新的出口国内附加值虚拟变量。假想的处理组中包含了该地区的出口国内附加值信息，在假想的样本处理下，如果生产分工能够提升出口国内附加值，说明前面分析的生产分工对出口国内附加值的提升效应来源于系统性因素，出口国内附加值提升不能归因于生产分工推动的效果，反之说明生产分工切实促进了出口国内附加值提升，也验证了我们的逻辑。从假想的样本回归结果来看（见表5-5），东部地区的零部件分工、中部地区的加工品分工、西部地区的初级品分工对出口国内附加值均不产生显著提升作用，由此排除了零部件分工、加工品分工、初级品分工对出口国内附加值的提升影响是由于系统性因素，进一步说明了前面的基本结论稳健，即东部地区的零部件分工、中部地区的加工品分工、西部地区的初级品分工对出口国内附加值提升发挥了重要作用。

表 5-5　反事实检验

变量	零部件	加工品	初级品
	（1）	（2）	（3）
$div×dong$	3.208	0.783	0.569
	（1.17）	（0.65）	（1.42）
$div×zhong$	0.445	3.208	0.330
	（0.63）	（1.44）	（1.02）
$div×xi$	0.616	0.225	2.457
	（1.04）	（1.13）	（0.89）
控制变量	是	是	是
地区效应	控制	控制	控制
时间效应	控制	控制	控制
企业效应	控制	控制	控制
行业效应	控制	控制	控制
F	25.67	46.71	70.11
R^2	0.116	0.089	0.163

5.5.2　GMM 估计

由于出口国内附加值的提升具有一定的连续性，为了降低模型的设定偏误，这里加入出口国内附加值的滞后项，采用 GMM 形式的动态广义距进行估计，GMM 的估计结果如表 5-6 所示，从中可以看出，东部地区的零部件分工、中部地区的加工品分工、西部地区的初级品分工对出口国内附加值的提升具有显著促进作用。总体来看，回归模型结论较为稳健。

表 5-6　GMM 估计

变量	零部件	加工品	初级品
	（1）	（2）	（3）
$div×dong$	15.227***	2.108	0.880
	（10.28）	（1.20）	（1.13）

续表

变量	零部件	加工品	初级品
	（1）	（2）	（3）
$div\times zhong$	1.780	8.224 ***	1.115 *
	（0.71）	（5.91）	（1.67）
$div\times xi$	1.103	1.446	4.217 ***
	（1.45）	（1.05）	（5.22）
$dvar$ （-1）	10.226 ***	12.180 ***	13.224 ***
	（4.28）	（3.19）	（5.05）
控制变量	是	是	是
地区效应	控制	控制	控制
时间效应	控制	控制	控制
企业效应	控制	控制	控制
行业效应	控制	控制	控制
F	35.282	80.331	93.890
R^2	0.568	0.531	0.409
AR（2）	0.221	0.347	0.257
Sargan 检验 P 值	0.346	0.576	0.440

注：*、**、*** 分别表示在 10%、5%、1%的水平上显著。

5.5.3 国际样本数据

按照企业生产分工所参与国家的发达程度对样本组进行划分，依据企业进口中间品的来源地将所有企业样本划分为参与 OECD 国家的生产分工和参与非 OECD 国家的生产分工，这里设定如下模型：

$$DVAR_{it} = \gamma_1 div_{it}\times OECD + \gamma_2 div_{it}\times FOECD + \gamma_x X_{it} + \xi_i + \varepsilon_{it} \qquad (5-4)$$

式中，$OECD$ 表示参与 OECD 国家生产分工企业的虚拟变量，$FOECD$ 表示参与非 OECD 国家生产分工企业的虚拟变量，其他变量符号的含义与式（5-1）相同。估计结果如表 5-7 所示。以表 5-7 中的面板固定效应估计结果为例，参与 OECD 国家的零部件分工与出口国内附加值表现为正相关，参与非 OECD 国家的零部件分工则没有表现出这种关系，参与非 OECD 国家的加工品分工和初级品分工与出口国内附加值表现为正相关，而参与 OECD 国家的加工品分工和初级品分工则没有表现出这种关系。由此可以看出，参与 OECD 国家的零部件分工对出口国内附加值具有显著的技术溢出效应，参与非 OECD 国家的加工品分工和初级品分工对出口国内附加值具有显著的规模经济效应。以上结果表明，参与 OECD 国家的零部件分工显著促进了出口国内附加值提升，参与 OECD 国家的加工品分工和初级品分工对出口国内附加值的提升影响则不显著。参与非 OECD 国家的加工品分工和初级品分工显著提升了出口国内附加值，而参与非 OECD 国家的零部件分工对出口国内附加值则没有提升作用。

表 5-7　参与不同类型国家生产分工的分析

变量	零部件	加工品	初级品
	（1）	（3）	（5）
$div \times OECD$	13.228***	2.117	0.443
	（7.21）	（0.89）	（1.06）
$div \times FOECD$	1.145	5.208***	1.274**
	（0.71）	（8.11）	（2.06）
控制变量	是	是	是
地区效应	控制	控制	控制
时间效应	控制	控制	控制
企业效应	控制	控制	控制
行业效应	控制	控制	控制
F	120.43	101.22	85.03
R^2	0.259	0.338	0.412

注：*、**、***分别表示在 10%、5%、1%的水平上显著。

5.6　各省份样本分析

5.6.1　基本回归

在东部、中部、西部区域层面分析的基础上，进一步探讨各个省份的生产分工对出口国内附加值的影响，估计方程如式（5-5）所示。

$$DVAR_{it} = \alpha + \beta div_{it} + \varepsilon_{it} \tag{5-5}$$

式中，截距项是效率参数，截距项 α 参数表示其他因素对出口国内附加值的影响,代表了出口国内附加值中不能被生产分工变量所解释的部分,β 表示各个省份的弹性系数,体现了生产分工对出口国内附加值影响的地区特征,为了解决互为因果可能存在的内生性问题,这里采用面板数据固定效应估计的变系数模型,具体估计结果如表5-8所示。可以看出,生产分工对出口国内附加值的长期效应显著,但地区异质性特征比较明显。

表5-8 各省层面的生产分工回归结果

省份	零部件		加工品		初级品	
	截距项	弹性系数	截距项	弹性系数	截距项	弹性系数
北京	0.276	3.451*** (8.20)	−0.337	2.167 (1.18)	−0.267	−0.356 (−1.14)
天津	0.451	2.108*** (5.15)	0.103	3.188 (0.61)	−0.211	−0.260 (−1.05)
河北	0.336	1.227 (0.78)	0.307	0.320*** (4.51)	0.156	0.783* (1.68)
辽宁	0.783	1.310* (1.68)	−0.476	0.256** (2.30)	0.182	0.663 (1.03)
上海	−1.265	5.287*** (4.10)	−0.702	4.115 (0.17)	−0.119	1.226 (0.79)
江苏	−0.360	2.890** (2.11)	2.107	−5.117 (−1.03)	−1.208	0.693 (0.94)
浙江	1.227	2.156*** (4.48)	2.102	−4.672 (−1.29)	1.003	2.168 (1.36)
福建	1.284	0.672** (2.16)	1.603	5.116*** (8.31)	1.268	0.694 (1.51)
山东	0.783	4.276*** (9.03)	1.711	1.178*** (8.83)	0.367	−1.704* (−1.68)
广东	−0.376	2.228*** (11.02)	2.054	7.223*** (4.20)	3.120	1.005 (0.69)
海南	−1.189	1.803 (1.00)	−1.367	1.287** (2.34)	2.404	0.167* (1.73)
山西	−1.371	0.780 (0.96)	3.169	2.165** (2.31)	3.107	0.267 (0.58)
吉林	−0.336	1.225 (1.20)	3.024	0.463 (0.83)	−0.337	0.793 (1.10)

续表

省份	零部件		加工品		初级品	
	截距项	弹性系数	截距项	弹性系数	截距项	弹性系数
黑龙江	0.310	1.627 (0.60)	−0.376	0.821 (1.14)	−0.462	1.207* (1.78)
安徽	−0.417	0.478 (1.16)	−0.627	1.267** (1.99)	1.780	3.376** (2.31)
江西	0.820	0.198** (2.11)	1.228	0.683* (1.77)	1.620	1.904* (1.74)
河南	1.993	1.932 (1.06)	1.410	3.287*** (5.08)	0.335	0.387* (1.70)
湖南	1.023	0.835 (1.10)	0.782	4.116*** (6.17)	0.416	1.332* (1.78)
湖北	0.087	0.993* (1.82)	−0.692	0.362*** (4.56)	0.703	0.890 (0.56)
内蒙古	−0.271	−0.673** (−2.13)	−0.261	0.829 (0.79)	1.338	0.224* (1.73)
广西	0.226	−1.205* (−1.80)	0.223	2.165 (0.67)	1.219	0.527** (2.16)
四川	−0.351	0.260** (2.15)	0.410	3.114** (2.15)	1.405	0.670** (2.11)
重庆	0.117	0.214*** (3.88)	0.303	0.336*** (3.43)	0.370	0.262* (1.77)
贵州	1.036	0.362 (1.14)	−0.276	0.267*** (4.10)	0.316	0.163* (1.82)
云南	1.728	−3.261*** (−6.71)	−0.415	0.736** (2.23)	0.443	0.445** (2.03)
陕西	0.398	0.893 (1.17)	−0.782	0.683* (1.81)	2.045	0.773* (1.94)
甘肃	−0.782	−0.276*** (−3.29)	2.376	0.261 (0.66)	2.114	2.334*** (7.83)
青海	−3.262	−3.279*** (−5.16)	1.655	0.389 (1.17)	1.793	1.893*** (4.03)
宁夏	−3.227	−4.115*** (−6.17)	2.108	0.337 (1.21)	0.446	1.072*** (5.61)

续表

省份	零部件		加工品		初级品	
	截距项	弹性系数	截距项	弹性系数	截距项	弹性系数
新疆	0.271	−2.178*** (−3.61)	2.667	0.418 (0.56)	0.602	0.783** (2.31)
西藏	0.280	−2.684** (−2.14)	1.787	0.882 (1.13)	0.813	0.113* (1.82)
F	225.71		180.93		269.10	
R^2	0.789		0.817		0.885	

（1）对于零部件分工。

1）有13个省份的零部件分工对出口国内附加值提升有正向影响作用。包括北京、天津、辽宁、上海、江苏、浙江、福建、山东、广东、江西、湖北、四川、重庆。其中，影响系数较大的是上海为5.287，影响系数较小的是江西为0.198。

2）有18个省份的零部件分工对出口国内附加值提升不显著或为负向影响，包括河北、海南、山西、安徽、吉林、黑龙江、河南、湖南、广西、内蒙古、陕西、贵州、云南、甘肃、青海、宁夏、新疆、西藏。

（2）对于加工品分工。

1）有17个省份的加工品分工对出口国内附加值提升有正向影响作用。包括河北、辽宁、福建、广东、海南、山西、山东、安徽、江西、河南、湖南、湖北、四川、重庆、贵州、云南、陕西，其中，影响系数较大的是广东为7.223，影响系数较小的是贵州为0.267。

2）有14个省份的加工品分工对出口国内附加值提升影响不显著或为负向影响，包括北京、天津、上海、江苏、浙江、吉林、黑龙江、广西、内蒙古、甘肃、青海、宁夏、新疆、西藏。

（3）对于初级品分工。

1）有19个省份的初级品分工对出口国内附加值提升有正向影响作用。包括河北、海南、黑龙江、安徽、江西、河南、湖南、四川、重庆、贵州、云南、陕西、广西、内蒙古、甘肃、青海、宁夏、新疆、西藏，其中，影响系数较大的是安徽为3.376，影响系数较小的是西藏为0.113。

2）有 12 个省份的初级品分工对出口国内附加值提升作用不显著或为负向影响，包括北京、天津、辽宁、上海、江苏、浙江、福建、山东、广东、山西、吉林、湖北。

总体来看，零部件分工、加工品分工、初级品分工对出口国内附加值的影响在地区层面的差异性很大，这与各个省份的经济发展水平和产业结构有关。

5.6.2 波动效应

上文探讨的是地区层面的生产分工对出口国内附加值影响的长期均衡关系，这里进一步探讨二者之间的短期波动关系，为此，建立误差修正模型如下：

$$DVAR_{it} = \alpha_i ECM_{i,t-1} + \beta_i \Delta div_{it} + \varepsilon_{it} \qquad i = 1, 2, \cdots, n; \ t = 1, 2, \cdots, T \qquad (5\text{-}6)$$

式中，Δ 为一阶差分，差分项显示的是短期波动的影响，出口国内附加值的变动主要包括两个部分：一是偏离长期均衡的影响，二是短期生产分工的波动影响，α_i 为误差修正系数，其值反映了对偏离长期均衡的调整力度，β_i 为短期波动影响系数，该值反映了短期波动的影响情况，误差修正机制产生的条件是误差修正系数 α_i 为零的原假设不能成立，说明生产分工与出口国内附加值之间的长期均衡关系是可靠的，反之不可靠，而变量之间存在短期波动影响则要满足拒绝 β_i 为零的原假设，反之不存在短期波动影响。估计结果如表 5-9 所示。

表 5-9　波动效应估计结果

省份	零部件		加工品		初级品	
	α_i	β_i	α_i	β_i	α_i	β_i
北京	-0.024** (-2.35)	0.217* (1.76)	-0.342 (0.78)	0.673 (0.82)	0.021 (0.83)	0.415 (0.67)
天津	0.018 (0.30)	0.462** (2.31)	0.225 (0.31)	0.145 (0.36)	0.434 (0.91)	-0.288 (-1.32)
河北	-0.227*** (-4.29)	-0.673 (-0.45)	-1.446** (-2.35)	0.412** (2.00)	0.230 (0.78)	0.213** (2.41)
辽宁	0.184 (0.24)	0.660 (1.18)	-0.516*** (-3.67)	0.341 (1.10)	0.179 (0.77)	0.675 (1.42)
上海	-1.448** (-2.03)	3.202*** (5.40)	-0.156 (-0.34)	0.367 (1.22)	0.158 (0.93)	1.778 (0.91)
江苏	-3.673*** (-7.12)	1.298** (2.03)	0.413* (1.72)	-1.286 (-0.85)	1.153 (1.10)	0.425 (0.95)

续表

省份	零部件		加工品		初级品	
	α_i	β_i	α_i	β_i	α_i	β_i
浙江	1.536* (1.72)	4.271*** (5.45)	−1.363** (−2.34)	−0.670 (−1.17)	0.794 (0.63)	1.208 (1.04)
福建	−1.793** (−2.36)	0.413** (2.00)	−0.993** (−2.15)	2.144* (1.83)	0.562 (0.88)	0.882 (1.43)
山东	−0.267** (−2.13)	2.272*** (4.16)	1.263* (1.78)	1.405** (2.33)	0.416* (1.73)	−1.104* (−1.87)
广东	2.745** (2.44)	3.140*** (7.83)	0.794 (0.33)	5.603*** (3.10)	1.118 (0.93)	0.455 (0.73)
海南	−0.211* (−1.72)	1.454 (1.17)	−0.367** (−2.30)	1.446** (2.52)	0.774 (0.91)	0.181** (2.49)
山西	−2.454* (−1.62)	0.880 (0.46)	0.211* (1.78)	5.171 (1.30)	0.453 (0.84)	0.337 (0.93)
吉林	0.187 (0.45)	2.418 (0.78)	0.078* (1.67)	0.668 (0.52)	−0.673 (−1.01)	1.456* (1.83)
黑龙江	0.473 (0.78)	1.227 (0.47)	−0.015 (−0.32)	0.859 (1.56)	−0.630*** (−5.89)	1.428** (2.38)
安徽	−0.134 (−0.70)	0.456 (1.03)	−0.423* (−1.66)	1.003* (1.72)	1.435* (1.62)	2.441* (1.81)
江西	−0.674* (−1.72)	1.003** (2.15)	−0.783* (−1.80)	0.546* (1.68)	1.772 (0.76)	0.809* (1.69)
河南	−0.223* (−1.66)	1.425 (1.09)	0.087*** (3.88)	3.114** (2.16)	0.417 (1.18)	0.352* (1.79)
湖南	−0.453* (−1.77)	0.710 (1.24)	0.023 (0.37)	0.337*** (5.50)	0.552* (1.80)	1.024* (1.92)
湖北	−1.676* (−1.83)	0.445* (1.69)	−0.738 (−1.18)	0.148** (2.09)	0.413 (0.88)	0.994 (0.47)
内蒙古	−0.788 (−0.99)	−0.889** (−2.45)	−0.315 (−0.57)	0.445 (0.81)	1.219** (2.10)	1.560*** (7.63)
广西	−0.355* (−1.90)	−1.237* (−1.70)	0.289 (0.77)	1.478 (0.88)	0.454 (0.22)	0.618*** (4.16)
四川	−0.493*** (−6.71)	0.212** (2.44)	0.790** (2.10)	2.340** (2.41)	1.378*** (5.17)	−0.883*** (−3.40)

省份	零部件		加工品		初级品	
	α_i	β_i	α_i	β_i	α_i	β_i
重庆	-0.442*** (-5.37)	0.189*** (3.35)	0.358** (2.14)	0.452*** (6.15)	0.498*** (7.18)	-0.319** (-1.99)
贵州	-0.894** (-2.33)	0.385 (1.36)	-0.013 (-1.04)	0.258*** (6.46)	0.712*** (6.16)	0.223** (2.22)
云南	-0.325* (-1.79)	-2.343 (-0.89)	-0.378 (-1.55)	0.680** (2.11)	0.508** (2.37)	0.427** (2.53)
陕西	-0.839* (-1.67)	0.845 (1.01)	-0.993 (-1.02)	0.773* (1.70)	1.290* (1.89)	-0.468 (-1.10)
甘肃	-0.728* (-1.81)	-0.313 (-0.67)	2.202 (1.15)	0.252 (0.71)	0.181** (2.37)	1.103*** (3.04)
青海	-0.263 (-0.33)	-2.461 (-0.11)	1.162 (0.74)	0.419 (1.25)	1.003* (1.78)	0.774*** (6.11)
宁夏	-1.322 (-0.79)	-3.342 (-1.10)	1.839 (0.92)	0.516 (0.58)	0.886*** (4.35)	1.454*** (7.70)
新疆	-0.458 (-0.77)	-2.445 (-1.01)	2.110 (1.11)	0.509 (0.77)	1.423** (2.13)	0.695** (2.15)
西藏	-0.326 (-0.83)	-1.116 (-0.79)	1.835 (0.89)	0.898 (1.05)	0.589*** (5.56)	0.582* (1.60)

（1）对于零部件分工。

1）从误差修正系数来看，通过显著性检验的有北京、河北、上海、江苏、浙江、福建、山东、广东、海南、山西、江西、河南、湖南、湖北、广西、四川、重庆、贵州、云南、陕西、甘肃等。多数省份的误差修正系数为负，表明具有反向修正作用，即在上一期，如果地区的出口国内附加值水平低于长期均衡值，则误差修正为负值，为了使出口国内附加值水平增加，以缩小出口国内附加值的偏移，使其能向长期均衡移动，反之，如果上一期的出口国内附加值水平高于长期均衡值，则误差修正项会使出口国内附加值减小，从而导致地区的出口国内附加值水平向与生产分工协调的方向调整。在短期内，生产分工与出口国内附加值之间的关系可能会偏离长期均衡水平，但二者间的关系由短期偏离向长期偏离调整的速度较快，并且各省的调整速度不同，$ECM_{i,t-1}$ 调整的力度也不同。具体表现在：上海、江苏、浙江、广东、福建、山西、湖北、贵州等省份的短期波动对偏离长期均衡的调整速度较快，而北京、河北、山东、海南、广西、河南、云南等省份的调整速度较慢。

2）从短期效应来看，北京、天津、上海、江苏、浙江、福建、山东、广东、江西、湖北、四川、重庆等省份的零部件分工系数均通过了显著性检验，说明这几个省份的零部件分工对出口国内附加值的短期效应较为明显，从短期效应的大小看，上海、浙江、广东的零部件分工系数较大，说明这几个省份的短期效应较为突出，即这几个省份生产分工在短期内对出口国内附加值提升具有显著影响。其余省份的短期效应不明显。

（2）对于加工品分工。

1）从误差修正系数来看，通过显著性检验的有河北、辽宁、江苏、浙江、福建、山东、海南、山西、吉林、安徽、江西、河南、四川、重庆等，大部分地区的误差修正系数为负，表明在短期内，生产分工与出口国内附加值之间的关系可能会偏离长期均衡水平，但二者之间的关系由短期偏离向长期偏离调整的速度较快，并且各省的调整速度不同，$ECM_{i,t-1}$ 调整的力度也不同。具体表现在河北、福建、浙江、山东、四川等省份的短期波动对偏离长期均衡的调整速度较快，而江苏、海南、吉林、河南等省份的调整速度较慢。

2）从短期效应来看，河北、福建、山东、广东、海南、安徽、江西、河南、湖南、湖北、四川、重庆、云南、贵州、陕西等省份的加工品分工系数均通过了显著性检验，说明这几个省份的加工品分工对出口国内附加值的短期效应较为明显，从短期效应的大小看，福建、广东、河南、四川的加工品分工系数较大，说明这几个省份的短期效应较为突出，即这几个省份加工品分工在短期内对出口国内附加值提升具有显著影响。其余省份的短期效应不明显。

（3）对于初级品分工。

1）从误差修正系数来看，通过显著性检验的有山东、黑龙江、安徽、湖南、内蒙古、四川、重庆、贵州、云南、陕西、甘肃、青海、宁夏、新疆、西藏等。其中，短期波动对偏离长期均衡的调整速度较快的是安徽、内蒙古、四川、陕西、新疆等省份，而山东、湖南、云南、甘肃、西藏等省份的调整速度较慢。

2）从短期效应来看，河北、海南、吉林、黑龙江、安徽、江西、河南、湖南、内蒙古、广西、贵州、云南、甘肃、青海、宁夏、新疆、西藏等省份的初级品分工系数均通过了显著性检验，说明这几个省份的初级品分工对出口国内附加值的短期效应较为明显，从短期效应的大小看，吉林、黑龙江、安徽、内蒙古、宁夏的初级品分工系数较大，说明这几个省份的短期效应较为突出，即这几个省份初级品分工在短期内对出口国内附加值提升具有显著影响。其余省份的短期效应不明显。

5.6.3 调节效应

为了揭示要素禀赋对生产分工影响出口国内附加值的调节作用，本节基于人力资本和制度服务两个维度考察要素禀赋的调节效应，具体设定模型如下：

$$DVAR_{it} = \alpha_0 + \alpha_1 div_{it} \times rl_{it} + \varepsilon_{it} \tag{5-7}$$

$$DVAR_{it} = \alpha_0 + \alpha_1 div_{it} \times zd_{it} + \varepsilon_{it} \tag{5-8}$$

式中，$DVAR_{it}$ 表示出口国内附加值，div_{it} 表示生产分工，rl_{it} 表示人力资本，zd_{it} 表示制度服务，ε_{it} 表示随机误差项，人力资本、制度服务指标以及其他变量的测算方法与 4.1 相同。采用面板固定效应变系数模型进行估计，结果如表 5-10 所示。

表 5-10 调节效应分析

省份	零部件		加工品		初级品	
	$div_{it} \times rl_{it}$	$div_{it} \times zd_{it}$	$div_{it} \times rl_{it}$	$div_{it} \times zd_{it}$	$div_{it} \times rl_{it}$	$div_{it} \times zd_{it}$
北京	1.567** (2.41)	0.899 (0.34)	−0.526 (−0.96)	0.454 (0.80)	0.465 (0.90)	0.770 (0.82)
天津	0.425* (1.65)	0.515** (2.00)	0.334 (0.26)	0.265* (1.73)	0.563 (0.68)	−0.455 (−1.36)
河北	0.217** (2.29)	0.414 (1.57)	0.676* (1.81)	0.112* (1.70)	0.404 (0.37)	1.403** (2.45)
辽宁	0.556*** (4.38)	1.356** (2.13)	0.483** (2.49)	0.505 (1.36)	1.565 (0.80)	0.718 (0.56)
上海	1.780** (2.37)	2.305 (1.30)	−0.255 (−0.83)	0.497 (1.03)	0.214 (0.69)	1.204 (0.72)
江苏	0.251* (1.66)	1.404** (2.12)	0.446 (1.03)	1.341 (0.66)	−0.256 (−1.13)	0.356 (0.80)

续表

省份	零部件		加工品		初级品	
	$div_{it}×rl_{it}$	$div_{it}×zd_{it}$	$div_{it}×rl_{it}$	$div_{it}×zd_{it}$	$div_{it}×rl_{it}$	$div_{it}×zd_{it}$
浙江	0.104** (2.51)	4.380** (2.10)	0.559* (1.80)	0.981 (1.25)	0.669 (0.74)	1.334 (1.54)
福建	0.714 (0.80)	0.505** (2.21)	−0.813** (−1.99)	1.089* (1.68)	0.903 (0.69)	0.345 (1.02)
山东	0.445* (1.17)	2.450*** (5.67)	1.447 (1.47)	3.415* (1.93)	0.478 (1.50)	0.413* (1.86)
广东	0.428*** (7.36)	3.369** (2.43)	0.818 (1.26)	3.120** (2.15)	1.435 (0.66)	0.378 (0.89)
海南	−0.665* (−1.77)	1.527* (1.80)	0.425** (2.46)	1.430* (1.71)	0.803** (2.37)	0.240** (2.13)
山西	−1.004* (−1.78)	1.819 (0.70)	1.202*** (7.13)	2.336** (2.15)	0.778 (0.91)	0.443 (0.78)
吉林	0.192 (0.67)	1.253*** (7.18)	0.019 (0.88)	0.954 (0.78)	1.889** (1.99)	2.556** (1.99)
黑龙江	0.558 (0.90)	2.387 (0.99)	0.015** (2.15)	0.889 (1.02)	0.578*** (3.91)	3.252** (2.02)
安徽	0.325 (0.48)	0.370 (0.69)	0.256 (0.78)	2.167** (1.98)	1.780 (1.38)	2.680* (1.67)
江西	0.482* (1.69)	0.794* (1.71)	0.814 (1.36)	1.428* (1.70)	1.404 (0.81)	0.435* (1.71)
河南	−0.786* (−1.71)	1.604 (1.18)	0.245 (1.04)	2.459*** (2.89)	0.770** (2.03)	0.341* (1.72)
湖南	−0.890* (−1.92)	0.482 (1.55)	0.561 (0.48)	0.459* (1.86)	0.443 (1.06)	0.225* (1.67)
湖北	−0.728* (−1.80)	1.350* (1.81)	−0.802 (−1.00)	0.412** (2.17)	0.335 (0.91)	0.418 (0.98)
内蒙古	0.650 (0.47)	0.845 (1.10)	−0.440 (−0.82)	0.536 (0.78)	2.031** (2.44)	0.335** (2.30)
广西	0.467 (1.15)	−0.031 (−1.01)	0.334*** (6.78)	1.560 (0.72)	0.787 (0.57)	1.545*** (6.71)
四川	0.556*** (7.80)	0.254* (1.84)	0.354 (1.24)	2.252* (1.75)	1.429** (2.09)	0.158*** (2.98)

续表

省份	零部件		加工品		初级品	
	$div_{it}×rl_{it}$	$div_{it}×zd_{it}$	$div_{it}×rl_{it}$	$div_{it}×zd_{it}$	$div_{it}×rl_{it}$	$div_{it}×zd_{it}$
重庆	0.707 ** (2.45)	0.803 *** (3.49)	0.417 (0.94)	0.678 *** (3.40)	0.562 (1.45)	0.445 ** (2.08)
贵州	−0.232 (−0.53)	0.399 (1.41)	−0.241 (−1.12)	0.330 *** (4.16)	0.446 (0.34)	0.200 ** (2.36)
云南	0.418 (0.85)	−1.440 (−0.72)	0.436 (1.42)	0.509 ** (2.33)	0.356 ** (2.10)	0.413 ** (2.53)
陕西	0.445 * (1.76)	0.790 (1.26)	0.526 (1.43)	1.487 * (1.90)	0.898 (1.10)	0.226 (1.32)
甘肃	0.903 ** (2.33)	0.492 (1.15)	1.418 (1.36)	0.343 (0.87)	0.224 *** (7.41)	1.045 * (1.78)
青海	0.114 (0.56)	1.227 (0.76)	0.334 (0.98)	0.428 * (1.79)	2.335 * (1.89)	0.353 ** (2.36)
宁夏	0.446 (0.83)	1.672 (1.32)	1.760 (0.80)	0.527 * (1.67)	0.913 ** (2.24)	1.020 *** (6.18)
新疆	0.517 (0.80)	0.783 (1.34)	0.195 (1.43)	0.493 (0.87)	1.670 ** (2.00)	0.375 ** (2.42)
西藏	0.602 (0.90)	1.258 (0.81)	0.413 (0.77)	0.709 (1.34)	0.415 *** (7.06)	0.449 * (1.73)

（1）对于零部件分工。大多数省份的零部件分工与人力资本、制度服务的交互项对出口国内附加值具有显著的提升作用，表现为人力资本、制度服务的有效融合加强了零部件分工对出口国内附加值的正向影响。具体地：

1）北京、天津、河北、辽宁、上海、江苏、浙江、广东、山东、江西、四川、重庆、陕西、甘肃等省份，在零部件分工过程中，随着人力资本的持续投入，极大地促进了零部件分工对出口国内附加值的正向影响，其中上海的促进作用较强，交互项的影响系数为1.780，而福建、吉林、黑龙江、安徽、内蒙古、广西、贵州、云南、青海、宁夏、新疆、西藏等省份的人力资本并没有对零部件分工提升出口国内附加值产生调节作用。

2）天津、辽宁、江苏、浙江、福建、山东、广东、海南、吉林、江西、湖北、四川、重庆等省份，在零部件分工过程中，随着制度服务的不断完善，显著促进了零部件分工对出口国内附加值的提升作用，其中浙江的促进作用较强，交互项的影响系数为 4.380，而北京、河北、上海、山西、黑龙江、安徽、河南、湖南、内蒙古、广西、贵州、云南、陕西、甘肃、青海、宁夏、新疆、西藏等省份的制度服务并没有对零部件分工提升出口国内附加值产生调节作用。

（2）对于加工品分工。少部分省份的加工品分工与人力资本的交互项对出口国内附加值具有显著的提升作用，大部分省份的加工品分工与人力资本的交互项没有对出口国内附加值产生显著的提升作用，大多数省份的加工品分工与制度服务的交互项对出口国内附加值具有显著的提升作用。具体地：

1）河北、辽宁、浙江、海南、山西、黑龙江、广西等省份，在加工品分工过程中，随着人力资本的持续投入，极大地促进了加工品分工对出口国内附加值的正向影响，其中山西的促进作用较强，交互项的影响系数为 1.202，而北京、天津、上海、江苏、福建、山东、广东、吉林、安徽、江西、河南、湖南、湖北、内蒙古、四川、重庆、贵州、云南、陕西、甘肃、青海、宁夏、新疆、西藏等省份的人力资本并没有对加工品分工提升出口国内附加值产生调节作用。

2）天津、河北、福建、山东、广东、海南、山西、安徽、江西、河南、湖南、湖北、四川、重庆、贵州、云南、陕西、青海、宁夏等省份，在加工品分工过程中，随着制度服务的不断完善，极大地促进了加工品分工对出口国内附加值的提升作用，其中山东的促进作用较强，交互项的影响系数为 3.415，而北京、辽宁、上海、江苏、浙江、吉林、黑龙江、内蒙古、广西、甘肃、新疆、西藏等省份的制度服务并没有对加工品分工提升出口国内附加值产生调节作用。

（3）对于初级品分工。少数省份的初级品分工与人力资本的交互项对出口国内附加值产生显著的提升作用。部分省份的初级品分工与制度服务的交互项对出口国内附加值具有显著的提升作用，也有部分省份的初级品分工与制度服务的交互项对出口国内附加值没有产生显著提升作用。具体地：

1）海南、吉林、黑龙江、河南、内蒙古、四川、云南、甘肃、青海、宁夏、新疆、西藏等省份，在初级品分工过程中，随着人力资本的持续投入，较大地促进初级品分工对出口国内附加值的正向影响，其中青海的促进作用较强，交互项的影响系数为 2.335，而北京、天津、河北、辽宁、上海、江苏、浙江、福建、山东、广东、安徽、江西、山西、湖南、湖北、广西、重庆、贵州、陕西等省份的人力资本并没有对初级品分工提升出口国内附加值产生调节作用。

2）河北、山东、海南、吉林、黑龙江、安徽、江西、河南、湖南、内蒙古、广西、四川、重庆、贵州、云南、甘肃、青海、宁夏、新疆、西藏等省份，在初级品分工过程中，随着制度服务的不断完善，极大地促进了初级品分工对出口国内附加值的提升作用，其中黑龙江的促进作用较强，交互项的影响系数为3.252，而北京、天津、辽宁、上海、江苏、浙江、福建、广东、山西、湖北、陕西等省份的制度服务并没有对初级品分工提升出口国内附加值产生调节作用。

5.7　本章小结

本章采用2002～2020年的面板数据，构建各种模型，探讨了零部件分工、加工品分工、初级品分工对出口国内附加值影响的地区层面差异，包括以下几个方面：东部、中部、西部的区域分析，内生性问题分析（工具变量为企业所在地到港口城市距离），稳健性分析（包括反事实检验、GMM分析、跨国样本分析），各省样本分析（包括基本分析、波动效应、调节效应），主要结论如下：

第一，从区域层面看，东部、中部、西部地区的生产分工对出口国内附加值的影响均较为显著，东部地区的零部件分工显著促进了出口国内附加值提升，中部地区的加工品分工和西部地区的初级品分工显著提升了出口国内附加值。在内生性问题分析中，考虑企业所在地到最近港口城市距离倒数作为生产分工的工具变量，发现在剔除内生性问题情况下，东部地区的零部件分工、中部地区的加工品分工和西部地区的初级品分工对出口国内附加值提升的结论没有明显变化。在稳健性检验中，从反事实检验和GMM估计中再一次印证了基本结论的稳健性，对于国际样本的分析表明，参与OECD国家的零部件分工显著促进了出口国内附加值提升，参与非OECD国家的加工品分工和初级品分工显著提升了出口国内附加值。

第二，从各省样本的异质分析来看：①对于零部件分工，有13个省份的零部件分工对出口国内附加值提升有正向影响作用。包括：北京、天津、辽宁、上海、江苏、浙江、福建、山东、广东、江西、湖北、四川、重庆。其中，影响系数较大的是上海，为5.287。②对于加工品分工，有17个省份的加工品分工对出口国内附加值提升有正向影响作用。包括：河北、辽宁、福建、广东、海南、山西、山东、安徽、江西、河南、湖南、湖北、四川、重庆、贵州、云南、陕西，其中，影响系数较大的是广东，为 7.223。③对于初级品分工，有 19 个省份的初级品分工对出口国内附加值提升有正向影响作用。包括：河北、海南、黑龙江、安徽、江西、河南、湖南、四川、重庆、贵州、云南、陕西、广西、内蒙古、甘肃、青海、宁夏、新疆、西藏，其中，影响系数较大的是安徽，为 3.376。

第三，由各省样本的波动效应分析可知：①对于零部件分工，从调整速度看，上海、江苏、浙江、广东、福建、山西、湖北、贵州等省份的短期波动对偏离长期均衡的调整速度较快。从短期效应大小来看，上海、浙江、广东的零部件分工对出口国内附加值影响的短期效应较为突出。②对于加工品分工，从调整速度看，河北、福建、浙江、山东、四川等省份的短期波动对偏离长期均衡的调整速度较快。从短期效应大小来看，福建、广东、河南、四川的加工品分工系数较大，说明这几个省份的短期效应较为突出。③对于初级品分工，从调整速度来看，短期波动对偏离长期均衡的调整速度较快的是安徽、内蒙古、四川、陕西、新疆等省份。从短期效应大小看，吉林、黑龙江、安徽、内蒙古、宁夏的初级品分工系数较大，即短期效应较为突出。

第四，从各省样本的调节效应看：①对于零部件分工，大多数省份的零部件分工与人力资本、制度服务的交互项对出口国内附加值具有显著的提升作用，包括北京、天津、河北、辽宁、上海、江苏、浙江、广东、山东、江西、四川、重庆、陕西、甘肃等省份，在零部件分工过程中，随着人力资本的持续投入，极大地促进了零部件分工对出口国内附加值的正向影响。天津、辽宁、江苏、浙江、福建、山东、广东、海南、吉林、江西、湖北、四川、重庆等省份，在零部件分工过程中，随着制度服务的不断完善，显著促进了零部件分工对出口国内附加值的提升作用。②对于加工品分工，少部分省份的加工品分工与人力资本的交互项对出口国内附加值具有显著的提升作用，大多数省份的加工品分工与制度服务的交互项对出口国内附加值具有显著的提升作用。包括河北、辽宁、浙江、海南、山西、黑龙江、广西等省份，在加工品分工过程中，随着人力资本的持续投入，极大地促进了加工品分工对出口国内附加值的正向影响。天津、河北、福建、山东、广东、海南、山西、安徽、江西、河南、湖南、湖北、四川、重庆、贵州、云南、陕西、青海、宁夏等省份，在加工品分工过程中，随着制度服务的不断完善，极大地促进了加工品分工对出口国内附加值的提升作用。③对于初级品分工，少数省份的初级品分工与人力资本的交互项对出口国内附加值产生显著的提升作用。部分省份的初级品分工与制度服务的交互项对出口国内附加值具有显著的提升作用。包括海南、吉林、黑龙江、河南、内蒙古、四川、云南、甘肃、青海、宁夏、新疆、西藏等省份，在初级品分工过程中，随着人力资本的持续投入，较大地促进了初级品分工对出口国内附加值的正向影响。河北、山东、海南、吉林、黑龙江、安徽、江西、河南、湖南、内蒙古、广西、四川、重庆、贵州、云南、甘肃、青海、宁夏、新疆、西藏等省份，在初级品分工过程中，随着制度服务的不断完善，较大地促进了初级品分工对出口国内附加值的提升作用。

6 生产分工对出口国内附加值的影响
——基于行业层面分析

本章以 33 个工业行业为研究对象，构建相关模型，实证检验我国行业层面的生产分工对出口国内附加值的影响，主要包括三个方面：一是分析资本密集型行业、劳动密集型行业、资源密集型行业的生产分工对出口国内附加值的影响，以及内生性检验。二是稳健性分析，包括安慰剂检验、GMM 估计以及采用不同所有制样本的数据估计。三是各行业样本的基本分析，并考虑了波动效应和调节效应。

6.1 模型、变量与数据

6.1.1 模型

为了考察行业层面的生产分工对出口国内附加值的影响，本章采用如下模型：

$$DVAR_{it} = \beta div_{it} + \lambda X_{it} + \eta_{it} + \varepsilon_{it} \tag{6-1}$$

式中，$DVAR_{it}$ 为行业 i 在第 t 期出口国内附加值，包括资本密集型行业、劳动密集型行业、资源密集型行业的出口国内附加值，div_{it} 为行业 i 在第 t 期生产分工，包括零部件分工、加工品分工和初级品分工，X_{it} 为诸多控制变量，η_{it} 为各种固定效应，ε_{it} 为随机误差项，主要包括一些没有列出但又影响着出口国内附加值的潜在因素变量。

6.1.2 变量与数据

行业层面生产分工的测算采用 FH 指数，根据 Feenstra 和 Hanson（1997）方法，用进口中间品占最终品生产过程中总的投入品比重，把行业层面生产分工定义为：

$$div_i = \sum_k \frac{x_i^j}{Y_i} \times \frac{M_k}{Y_k + M_k - x_k} \qquad (6\text{-}2)$$

式中，div_i 为行业层面生产分工，x_i^j 为 i 行业对 j 行业中间投入品的购买，Y_i 为 i 行业所有中间品的购买，M_k 为 k 产品的总进口额，x_k 为 k 产品的出口额，Y_k 为 k 产品的总产出。式（6-2）为 i 行业的进口中间投入品占总产出的比例，从理论上说，div_i 越小，表明进口的中间投入品来自国外的部分越少。参照平新乔等（2005）方法，中间品投入数据来自投入产出表，采用的投入产出表包括 2002 年、2007 年、2012 年、2017 年。关于行业数据，在 GB/T 4754-2002 基础上，对 33 个行业数据进行整理。

国家统计局在 2002 年划分了行业分类标准《国民经济行业分类与代码 GB/T 4754-2002》，本书以该分类为基准，对涉及行业进行整理①。包含的 33 个工业行业是 h1 煤炭采选业、h2 石油和天然气开采业、h3 黑色金属矿采选业、h4 有色金属矿采选业、h5 非金属矿采选业、h6 农副食品加工业、h7 食品制造业、h8 饮料制造业、h9 烟草加工业、h10 纺织业、h11 服装及其他纤维制品制造业、h12 皮革毛皮羽毛及其制造业、h13 木材加工及竹藤棕草制品业、h14 家具制造业、h15 造纸及纸制品业、h16 印刷业记录媒介的复制、h17 文教体育用品制造业、h18 石油加工及炼焦业、h19 化学原料及化学工业品制造业、h20 医药制造业、h21 化学纤维制造业、h22 橡胶制品业、h23 塑料制品业、h24 非金属矿物制品业、h25 黑色金属冶炼及压延加工业、h26 有色金属冶炼及压延加工业、h27 金属制品业、h28 通用设备制造业、h29 专用设备制造业、h30 交通运输设备制造业、h31 电气机械及器材制造业、h32 电子及通信计算机设备制造业、h33 仪器仪表及文化办公用机械制造业。借鉴袁其刚等（2015）采用资源集约度的产业分类方法，将 33 个行业划分为资本密集型行业（12 个）、劳动密集型行业（11 个）、资源密集型行业（10 个）。将各行业进行归类后，资本密集型行业包括 h15、h19、h20、h21、h22、h23、h28、h29、h30、h31、h32、h33；劳动密集型行业包括 h6、h7、h8、h9、h10、h11、h12、h13、h14、h16、h17；资源密集型

① 资料来源：国家统计局、《中国经济年鉴》、《中国工业经济统计年鉴》、《中国第三产业统计年鉴》。

行业包括 h1、h2、h3、h4、h5、h18、h24、h25、h26、h27。本书分别统计各类行业的中间品进口贸易额，然后测算几类行业内企业的生产分工状况，进而可以整理出资本密集型行业、劳动密集型行业、资源密集型行业的生产分工程度。

对于行业层面的出口国内附加值测算，Lall 等（2005）指出，出口商品蕴含了劳动技能和复杂度状况，因此出口国内附加值可以通过出口贸易商品的构成来反映。唐海燕和张会清（2009）采用出口贸易产品的结构来衡量行业的出口国内附加值。行业出口国内附加值的计算借鉴 Hausmann 等（2007）以及邱斌等（2012）衡量行业出口国内附加值的做法，通过以下公式计算：

$$prody_f = \sum_f \left[\frac{(x_{cf}/X_c)}{\sum_f x_{cf}/X_c} GDP_c \right], \quad DVAR_i = \sum_f \left(\frac{x_{if}}{X_i} prody_f \right) \tag{6-3}$$

式中，$prody_f$ 和 $DVAR_i$ 分别表示某一产品和某一行业的出口国内附加值，f 表示产品，c 表示国家或地区，i 表示行业，x_{cf} 表示 c 国 f 产品的出口额，X_c 表示 c 国的总出口额，x_{cf}/X_c 表示 c 国 f 产品的出口额所占比重，GDP_c 表示 c 国的人均 GDP，x_{if} 表示一国 i 行业 f 产品的出口额，X_i 表示 i 行业总出口额，$\frac{X_{if}}{X_i}$ 表示 i 行业 f 产品的出口额所占比重。

控制变量有企业规模、干中学、企业利润、外资参与度、产业集中度。各变量解释见第 4 章 4.1.2.2 节说明。

数据来源为海关进出口贸易数据库、中国工业企业数据库、上市公司数据、《中国工业经济统计年鉴》。以上数据跨度为 2002~2020 年，截面为 33 个行业。

6.2　行业层面的特征趋势

行业层面的企业参与生产分工最为基本和显著特点是上游工序的产品成为下游工序的投入品，由于现代产品品质和技术提升，其生产呈现出复杂性特点，不仅制造业的物质产品成为生产的中间投入，服务业生产的产品，特别是生产性服务产品也成为现代生产不可或缺的中间工序环节。资本密集型行业的生产分工主要涉及化工、冶金、医药及医疗器械、专用设备、电子、交通、汽车、通信、能源等领域，其中，化工、电子、医疗器械、通信是资本密集型行业生产分工的重点行业，资本密集型行业生产分工具有较高的资本技术投入因素，对出口国内附加值的影响较大。劳动密集型行业生产分工主要以加工制造为主，主要覆盖食品、纺织、皮革制品、木材加工、家具制造、文体用品等领域，中国的劳动密集型行业是以来料加工和进料加工为主要形式，将劳动力要素禀赋优势与劳动密集型行业生产分工环节结合起来，提升中国劳动密集型行业的竞争优势，对出口国内附加值提升具有不可估量的贡献作用。资源密集型行业的生产分工主要涉及煤炭采选、石油天然气采选、有色金属采选、黑色金属采选、非金属矿采选、石油加工及炼焦等领域，资源密集型行业生产分工主要通过与资源要素禀赋优势相结合，实现对出口国内附加值的提升。

6.2.1 行业层面的生产分工变化

从零部件分工来看（见图 6-1），资本密集型行业的零部件分工水平最高，劳动密集型行业和资源密集型行业的零部件分工水平较低。从时间变化趋势看，资本密集型行业的零部件分工水平持续上升，尤其是 2010 年以后，上升变化更为明显，劳动密集型行业和资源密集型行业的零部件分工水平变化较为稳定。

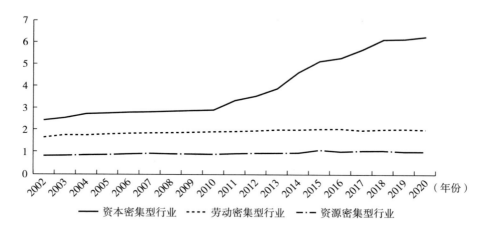

图 6-1 资本密集型行业、劳动密集型行业、资源密集型行业的零部件分工

从加工品分工来看（见图 6-2），劳动密集型行业的加工品分工水平最高，资本密集型行业的加工品分工水平略低，资源密集型行业的加工品分工水平最低。从时间趋势来看，劳动密集型行业的加工品分工水平增速较为稳定，资本密

集型行业和资源密集型行业的加工品分工水平在 2010 年以前增长较为稳定，但
2010 年以后呈逐年下降趋势。

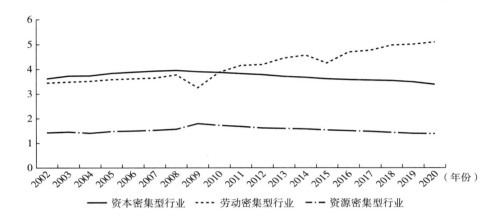

图 6-2 资本密集型行业、劳动密集型行业、资源密集型行业的加工品分工

从三类行业的初级品分工变化来看（见图 6-3），资源密集型行业的初级品
分工水平较为突出，劳动密集型行业的初级品分工水平略低于资源密集型行业，
但要高于资本密集型行业。从时间变化趋势来看，资源密集型行业的初级品分工
水平较为稳定，劳动密集型行业的初级品分工水平有所上升，资本密集型行业的
初级品分工水平在逐年下降。

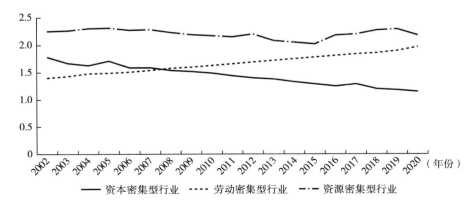

图 6-3 资本密集型行业、劳动密集型行业、资源密集型行业的初级品分工

从各个具体行业的生产分工看（见图6-4），行业的分工测度差异巨大，其中，医药制造业、电气机械及器材制造业、仪器仪表及文化办公机械制造业、化学原料及化学工艺品制造业、专用设备制造业等行业的零部件分工程度较高，零部件分工程度处于较低区间的是煤炭采选业（煤炭矿采）、石油天然气开采业（石油矿采）、黑色金属矿采选业（黑金矿采）、有色金属矿采选业（有金矿采）、非金属矿采选业等行业（非金属矿采）。此外，饮料制造业、烟草加工业、纺织业、服装及纤维制品制造业（服装）、皮革毛皮羽毛制造业（皮革羽毛）、木材加工及竹藤棕草制品业（木材藤草）、家具制造业、文体用品制造业等行业的零部件分工程度居于中间。

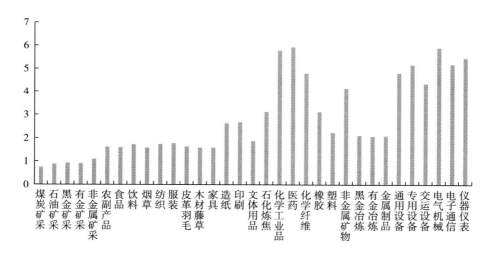

图6-4　2002~2020 年细分行业的零部件分工平均水平

从细分行业的加工品分工状况看（见图6-5），纺织业、服装纤维制品制造业、皮革毛皮羽毛制造业、木材加工及竹藤棕草制品业、橡胶制品业、塑料制品业、造纸及纸制品业、家具制造业等行业的加工品分工水平处于较高区间，加工品分工处于较低区间的行业主要是煤炭采选业、石油天然气开采业、黑色金属矿采选业、有色金属矿采选业、非金属矿采选业、黑色金属冶炼及压延加工业、有色金属冶炼及压延加工业等，加工品分工处于居中位置的行业主要是烟草加工业、通用设备制造业、专用设备制造业、交通运输设备制造业、电气机械及器材制造业、电子通信计算机设备制造业、仪器仪表及文化办公用机械制造业等。

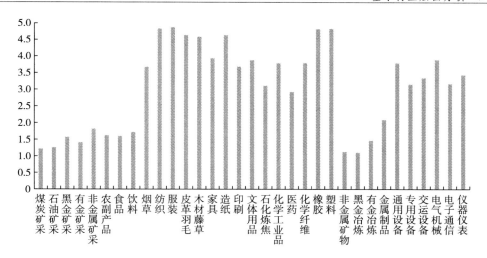

图6-5   2002~2020年细分行业的加工品分工平均水平

从细分行业的初级品分工状况看（见图6-6），煤炭采选业、石油天然气开采业、黑色金属矿采选业、有色金属矿采选业、非金属矿采选业、黑色金属冶炼压延加工业、有色金属冶炼压延加工业、金属制品业等行业的初级品分工处于较高水平，纺织业、服装及纤维制品制造业、皮革毛皮羽毛制造业、木材加工及竹藤棕草制品业、橡胶制品业、塑料制品业、造纸及纸制品业、家具制造业等行业的初级品分工水平次之，化学原料及化学工艺品制造业、医药制造业、化学纤维制造业、专用设备制造业、交通运输设备制造业、电气机械及器材制造业、电子通信计算机设备制造业、仪器仪表及文化办公用机械制造业等行业的初级品分工水平处于最低区间。

6.2.2   行业层面的出口国内附加值变化趋势

我国企业在生产分工的过程中，由于各个行业的要素禀赋优势不同，因此生产分工对各个行业的出口国内附加值提升影响表现也不一样。依据式（6-2）计算行业层面的出口国内附加值，本书测算了我国33个行业的出口国内附加值变化水平。各个行业的出口国内附加值平均水平如图6-7所示，可以看出，出口国内附加值平均水平较高的行业主要有化学原料及化学工业品制造业、化学纤维制造业、通用设备制造业、专用设备制造业、电气机械及器材制造业、电子通信计

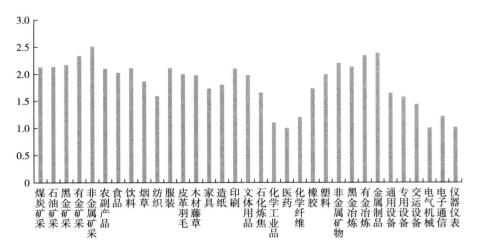

图 6-6　2002~2020 年细分行业的初级品分工平均水平

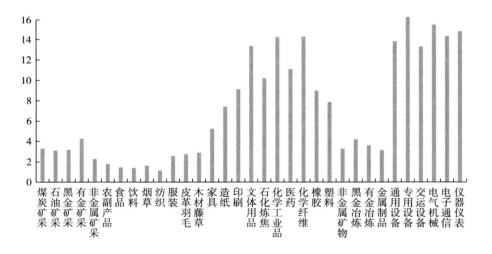

图 6-7　2002~2020 年细分行业的出口国内附加值平均水平

算机设备制造业、仪器仪表及文化办公用机械制造业、文化体育用品制造业，最高的是专用设备制造业，平均值为 15.97。出口国内附加值平均水平较低的行业主要有煤炭采选业、石油天然气矿开采业、黑色金属矿采选业、食品制造业、饮料制造业、烟草加工业、纺织业、服装纤维制品业、皮革毛皮羽毛制造业、木材加工及竹藤棕草制品业等，最低的是纺织业，平均值为 1.51。

2002~2020 年我国资本密集型行业、劳动密集型行业、资源密集型行业的出口国内附加值平均水平如图6-8 所示，可以看出，资本密集型行业的出口国内附加值水平最高，劳动密集型行业次之，资源密集型行业最低。从变动趋势看，资本密集型行业的出口国内附加值水平较为稳定，2012 年以后明显增速加快。劳动密集型行业的出口国内附加值水平非常稳定，变化不大，资源密集型行业的出口国内附加值水平稳步增长，但增速较慢。2002 年，三大类型行业的出口国内附加值水平分别为 5.46、4.17 和 2.03，由此可见，三大类型行业的出口国内附加值水平差距并不大，但在 2018 年，三大类型行业的出口国内附加值水平之间的差距最为突出，分别增长至 13.72、5.89 和 4.13，而在 2019~2020 年，三大类型行业的出口国内附加值水平都有所下降。

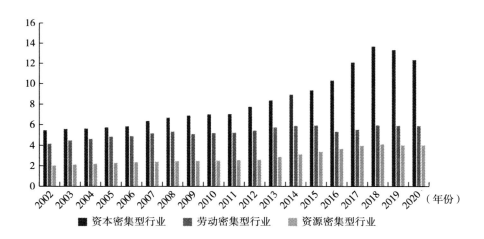

图 6-8　2002~2020 年资本密集型、劳动密集型、资源密集型行业的
出口国内附加值平均水平

6.3　单位根检验和协整检验

为了保证模型结果和相关检验的有效性，需要对数据进行单位根和协整检验。

6.3.1 单位根检验

分别采用 LLC 检验、PP 检验、IPS 检验三种方式对出口国内附加值、零部件分工、加工品分工、初级品分工、企业规模、干中学、企业利润、外资参与度、产业集中度进行单位根检验，结果表明，一阶差分均通过了单位根检验，这说明它们均为一阶单整序列，检验结果如表6-1所示。

表6-1　单位根检验

检验变量		LLC	PP	IPS
dvar	水平序列值	4. 227（0. 302）	5. 110（0. 462）	3. 132（0. 583）
	一阶差分值	−1. 398（0. 003）	−3. 108（0. 007）	−0. 789（0. 023）
divl	水平序列值	5. 167（0. 265）	4. 208（0. 371）	4. 180（0. 413）
	一阶差分值	−0. 983（0. 012）	−5. 903（0. 004）	−2. 378（0. 011）
divj	水平序列值	5. 271（0. 036）	3. 471（0. 449）	3. 140（0. 238）
	一阶差分值	−1. 562（0. 001）	−1. 101（0. 014）	−1. 042（0. 013）
divc	水平序列值	5. 267（0. 425）	3. 778（0. 479）	2. 045（0. 208）
	一阶差分值	3. 107（0. 000）	−1. 037（0. 011）	−0. 713（0. 014）
size	水平序列值	3. 782（0. 415）	2. 711（0. 427）	1. 428（0. 303）
	一阶差分值	−2. 134（0. 005）	−2. 145（0. 010）	−2. 441（0. 027）
lear	水平序列值	4. 179（0. 772）	9. 027（0. 612）	5. 418（0. 242）
	一阶差分值	−3. 185（0. 013）	−6. 114（0. 011）	−2. 808（0. 009）
prof	水平序列值	3. 115（0. 693）	5. 004（0. 711）	2. 145（0. 831）
	一阶差分值	4. 087（0. 005）	−3. 889（0. 001）	−1. 035（0. 011）
fori	水平序列值	2. 794（0. 078）	3. 342（0. 690）	1. 467（0. 690）
	一阶差分值	−2. 318（0. 001）	−2. 334（0. 008）	−2. 557（0. 003）
mark	水平序列值	4. 176（0. 084）	5. 134（0. 880）	3. 441（0. 610）
	一阶差分值	−3. 011（0. 002）	−2. 117（0. 004）	−3. 114（0. 020）

注：括号内为 P 值。

6.3.2 协整检验

基于 Pedroni 的面板协整检验方法，本书考察零部件分工、加工品分工、初级品分工与出口国内附加值、企业规模、干中学、企业利润、外资参与度、产业集中度之间的协整关系，限于篇幅，仅列出了主要变量的协整检验结果，如表6-2所示。

表6-2　面板协整检验

指标	检验方法		检验结果
零部件	组内统计量	Panel ρ-stat	-2.483 ** (0.018)
		Panel v-stat	-3.367 (0.148)
		Panel pp-stat	-4.101 *** (0.003)
		Panel ADF-stat	-1.360 *** (0.000)
	组间统计量	Group ρ-stat	2.021 * (0.063)
		Group pp-stat	-5.441 *** (0.002)
		Group ADF-stat	-3.458 *** (0.005)
加工品	组内统计量	Panel ρ-stat	-4.120 * (0.076)
		Panel v-stat	-4.380 * (0.067)
		Panel pp-stat	-5.134 *** (0.001)
		Panel ADF-stat	-3.468 *** (0.002)
	组间统计量	Group ρ-stat	0.451 ** (0.029)
		Group pp-stat	-5.134 *** (0.004)
		Group ADF-stat	-7.743 *** (0.001)
初级品	组内统计量	Panel ρ-stat	-0.074 (0.415)
		Panel v-stat	-3.275 (0.131)
		Panel pp-stat	-2.347 ** (0.048)
		Panel ADF-stat	-4.203 *** (0.003)
	组间统计量	Group ρ-stat	5.378 (0.646)
		Group pp-stat	-7.154 *** (0.003)
		Group ADF-stat	-4.619 *** (0.002)
出口国内附加值	组内统计量	Panel ρ-stat	-2.245 (0.516)
		Panel v-stat	-0.217 (0.046)
		Panel pp-stat	-2.005 ** (0.032)
		Panel ADF-stat	-1.809 *** (0.004)

续表

指标	检验方法	检验结果	
		Groupρ-stat	2.367（0.570）
出口国内附加值	组间统计量	Group pp-stat	−5.003*** （0.004）
		Group ADF-stat	−3.041*** （0.001）

注：*、**、***分别表示在10%、5%、1%的水平上显著。

在样本期较短的情况下，Panel ADF-stat、Group ADF-stat 统计量的检验结果最好，Panel pp-stat、Group pp-stat 统计量的检验效果次之，其他统计量的检验效果最差。由于本书的样本期小于 20 年，因此本书根据 Panel ADF-stat、Group ADF-stat 统计量的检验结果来判断协整关系是否科学准确，由表 6-2 结果可知，两种统计量检验结果均拒绝不存在协整关系的原假设，表明零部件分工、加工品分工、初级品分工与出口国内附加值以及其他变量之间存在协整关系，说明模型设定是可信的。

6.3.3 多重共线性检验

为了保证估计结果的可靠性，在进行面板估计之前，需要对数据进行多重共线性检验，检验结果如表 6-3 所示，由方差膨胀因子看，每个变量的 VIF 均小于10，表明模型中的各个变量序列之间不存在多重共线性问题。

表 6-3 多重共线性检验

变量	divl	divj	divc	dvar	size	lear	prof	fori	mark
VIF	2.116	2.167	1.804	1.693	1.882	2.115	1.425	0.781	0.880
1/VIF	0.456	0.613	0.557	0.489	0.617	0.441	0.210	0.378	0.315

6.4 基本回归和工具变量估计

6.4.1 基本结果

为了分析行业层面生产分工对出口国内附加值的影响差别，本书将所有行业划分为资本密集型行业、劳动密集型行业和资源密集型行业，这里设定如下模型：

$$DVAR_{it} = \gamma_1 div_{it} \times ziben + \gamma_2 div_{it} \times laodong + \gamma_3 div_{it} \times ziyuan + \gamma_x X_{it} + \xi_i + \varepsilon_{it} \qquad (6-4)$$

式中，$ziben$ 表示资本密集型行业的虚拟变量，$laodong$ 表示劳动密集型行业的虚拟变量，$ziyuan$ 表示资源密集型行业的虚拟变量，$DVAR_{it}$ 表示某行业在第 t 期的出口国内附加值，div_{it} 表示某行业在第 t 期生产分工，X_{it} 表示诸多控制变量，ξ_i 表示各种固定效应，ε_{it} 表示随机误差项，主要包括一些没有列出但又影响着出口国内附加值的潜在因素变量。控制变量的测算方法与 4.1 节相同。为了保证估计结果的稳健性，本书同时采用面板固定效应和 GLS 回归估计。

估计结果如表 6-4 所示，其中，第（1）、第（3）、第（5）列为固定效应估计，第（2）、第（4）、第（6）列为 GLS 估计。以 GLS 估计结果为例，资本密集型行业的零部件分工与出口国内附加值表现为正相关，劳动密集型行业和资源密集型行业的零部件分工则没有表现出这种关系。劳动密集型行业的加工品分工与出口国内附加值表现为正相关，而资本密集型行业的加工品分工没有带来出口国内附加值提升。资源密集型行业的初级品分工与出口国内附加值表现为正相关，而资本密集型行业和劳动密集型行业的初级品分工则没有表现出这种关系。由此可以看出，资本密集型行业的零部件分工对出口国内附加值具有显著的技术溢出效应，劳动密集型行业的加工品分工和资源密集型行业的初级品分工对出口国内附加值提升均具有显著的规模经济效应。

表 6-4 不同行业层面的分析

变量	零部件		加工品		初级品	
	（1）	（2）	（3）	（4）	（5）	（6）
$div \times ziben$	2.414 *** (5.58)	3.008 *** (7.12)	0.628 (0.77)	0.713 (0.40)	0.556 (1.03)	0.416 (0.83)
$div \times laodong$	0.656 (0.41)	0.446 (1.13)	5.101 *** (6.17)	5.438 *** (5.27)	0.456 * (1.72)	0.348 (1.17)
$div \times ziyuan$	0.718 (1.52)	0.452 (0.69)	0.415 * (1.70)	0.267 (1.43)	0.538 *** (5.44)	0.729 *** (4.18)
$size$	3.013 *** (4.05)	4.458 ** (2.27)	2.334 *** (6.19)	4.003 ** (2.32)	2.680 *** (3.22)	1.657 ** (1.99)

变量	零部件		加工品		初级品	
	（1）	（2）	（3）	（4）	（5）	（6）
lear	1.684 ***	1.887 ***	0.738 **	0.616 **	0.720 ***	0.913 **
	（2.96）	（3.43）	（2.54）	（2.37）	（4.59）	（2.54）
prof	0.472 **	0.511 **	0.662 *	0.504 *	0.469 **	0.712 **
	（2.14）	（2.40）	（1.68）	（1.73）	（2.00）	（2.15）
fori	4.336 **	3.051 **	2.140 ***	4.407 ***	5.118 ***	3.034 ***
	（2.43）	（2.12）	（3.15）	（5.14）	（3.88）	（4.13）
mark	−0.356 **	−0.419 **	−0.251 **	−0.519 **	−0.434 *	−0.931 *
	（−2.05）	（−2.14）	（−1.98）	（−2.33）	（−1.82）	（−1.77）
地区效应	控制	控制	控制	控制	控制	控制
时间效应	控制	控制	控制	控制	控制	控制
企业效应	控制	控制	控制	控制	控制	控制
行业效应	控制	控制	控制	控制	控制	控制
F	190.40	167.13	182.10	147.31	156.35	138.62
R^2	0.305	0.261	0.178	0.199	0.203	0.334

以上结果表明，资本密集型行业的零部件分工显著促进了出口国内附加值提升，但资本密集型行业的加工品分工和初级品分工对出口国内附加值的提升影响则不显著。劳动密集型行业的加工品分工和资源密集型行业的初级品分工显著提升了出口国内附加值，而劳动密集型行业和资源密集型行业的零部件分工对出口国内附加值则没有提升作用。

6.4.2 工具变量估计：关税

内生性问题会导致基本估计出现严重偏倚，回归估计中的遗漏变量可能会导致内生性问题。例如，部分企业的生产分工层次不高，但同时面临着一些其他未能够观测到的特征如贸易开放度较低等外在环境都会导致影响企业的出口国内附加值。此外，生产分工也存在内生性问题，企业的出口国内附加值越高，意味着企业越具有较高的生产效率和市场竞争力，如果其参与生产分工，则其生产分工层次也不会太低。适合的工具变量选取需要符合两个条件：外生性和高度相关性。借鉴谢谦等（2021）已有研究，本书选取企业中间品进口贸易的关税，数据来自 WTO 的 Tariff Download Facility 数据库与海关进出口贸易数据库的匹配数据，选取该指标作为生产分工的工具变量依据如下：中间品进口贸易会涉及关税问题，因此关税越高，意味着中间品进口贸易越突出，这反映了企业的生产分工水平越高，故选取企业中间品进口贸易的关税与生产分工指标越呈现出高度的相关性。此外，企业的出口国内附加值主要受国内技术水平的影响，与进口关税关系不大。也就是说，选取企业中间品进口贸易的关税作为工具变量整体符合外生性要求。

工具变量的估计结果如表 6-5 所示，可以看出，进口关税对零部件分工、加工品分工和初级品分工的影响均显著为负，说明进口关税越低，各个行业的零部件分工、加工品分工和初级品分工越突出，并且第一阶段 F 值大于 10，表明工具变量估计有效。从第二阶段的估计结果可以看出，资本密集型行业的零部件分工显著促进了出口国内附加值，劳动密集型行业的加工品分工和资源密集型行业的初级品分工对出口国内附加值提升也具有显著的促进作用，这些结论与基本回归结果一致。这表明在剔除内生性问题情况下，资本密集型行业的零部件分工、劳动密集型行业的加工品分工和资源密集型行业的初级品分工对出口国内附加值提升的结论没变。

表 6-5　工具变量分析

变量	零部件		加工品		初级品	
	divl		*divj*		*divc*	
	(1)	(2)	(3)	(4)	(5)	(6)
进口关税	-4.503*** (-6.19)		-9.750*** (-4.49)		-3.183*** (-3.05)	
IV_div×ziben		1.467** (2.16)		0.250 (0.61)		0.613 (0.51)
IV_div×laodong		2.150 (1.26)		1.338*** (3.14)		0.315 (1.42)
IV_div×ziyuan		1.897 (0.77)		0.623 (1.25)		1.692*** (4.59)
控制变量	是	是	是	是	是	是
地区效应	控制	控制	控制	控制	控制	控制
时间效应	控制	控制	控制	控制	控制	控制
企业效应	控制	控制	控制	控制	控制	控制
行业效应	控制	控制	控制	控制	控制	控制

变量	零部件		加工品		初级品	
	divl		divj		divc	
	（1）	（2）	（3）	（4）	（5）	（6）
D-W-H	3.178*** (6.34)	6.014*** (4.15)	5.223*** (5.13)	5.478*** (4.23)	8.114*** (5.19)	7.350*** (5.17)
一阶段 F 值	89.34		69.43		90.35	
R^2	0.178	0.190	0.303	0.213	0.185	0.194

6.5 稳健性分析

6.5.1 安慰剂检验：筛选自主创新企业

为了考察基本实证结果需要进行稳健性检验。前面的内生性检验中隐含了出口国内附加值高的行业，可能生产分工水平也高，所以上述回归可能存在一个潜在问题，生产分工对行业出口国内附加值的提升影响也许是基于全国性自主创新战略促进的结果，而不仅仅是企业参与生产分工带来的差异。为此，本书梳理出了拥有自主创新程度较高的行业，依据该行业的发明专利占所有行业的发明专利比重来认定，如果某行业发明专利占比超过中位数，则该行业属于自主创新较强行业。专利数据来自国家知识产权局，然后根据行业性质对专利数据进行行业上的归类。选择生产分工对自主创新企业的出口国内附加值影响进行安慰剂检验，如果安慰剂样本的出口国内附加值没有同样的反应，说明生产分工并不会对自主创新较强行业的企业出口国内附加值提升产生影响。

安慰剂检验结果如表6-6所示，资本密集型行业的零部件分工、劳动密集型行业的加工品分工、资源密集型行业的初级品分工对出口国内附加值均不产生显著提升作用，由此说明证伪检验可以排除全样本中的企业出口国内附加值提升原因是全国性的自主创新战略促进的结果，进一步说明了前面的基本结论稳健，也就是资本密集型行业的零部件分工、劳动密集型行业的加工品分工、资源密集型行业的初级品分工对出口国内附加值提升发挥了重要作用。

表6-6 安慰剂检验

变量	零部件	加工品	初级品
	（1）	（2）	（3）
$div×ziben$	1.415	0.895	0.483
	（0.42）	（0.38）	（1.03）
$div×laodong$	0.360	2.147	0.742
	（0.71）	（1.57）	（1.16）
$div×ziyuan$	0.424	0.317	1.330
	（1.50）	（1.04）	（0.95）
控制变量	是	是	是
地区效应	控制	控制	控制
时间效应	控制	控制	控制
企业效应	控制	控制	控制
行业效应	控制	控制	控制
F	49.83	54.28	66.40
R^2	0.251	0.179	0.188

6.5.2 GMM 估计

由于出口国内附加值的提升具有一定的连续性，为了降低模型的设定偏误，这里加入出口国内附加值的滞后项，采用 GMM 形式的动态广义距进行估计，GMM 的估计结果如表6-7所示，由 Sargan 检验 P 值可以看出，工具变量不存在过度识别问题，AR（2）检验表明差分后的残差项不存在二阶序列自相关，说明动态 GMM 估计是有效的。从估计结果可以看出，资本密集型行业的零部件分工、劳动密集型行业的加工品分工、资源密集型行业的初级品分工对出口国内附加值的提升具有显著促进作用。总体来看，回归模型结论较为稳健。

表6-7 GMM 估计

变量	零部件	加工品	初级品
	（1）	（2）	（3）
$div×ziben$	4.038***	1.271	1.342
	（5.11）	（1.39）	（1.40）
$div×laodong$	2.403	4.160***	2.405*
	（0.82）	（3.76）	（1.78）
$div×ziyuan$	2.250	0.223	3.303***
	（1.39）	（1.10）	（4.19）

变量	零部件	加工品	初级品
	（1）	（2）	（3）
$dvar$（-1）	8.036 ** (2.31)	9.034 *** (4.00)	7.105 *** (3.18)
控制变量	是	是	是
地区效应	控制	控制	控制
时间效应	控制	控制	控制
企业效应	控制	控制	控制
行业效应	控制	控制	控制
F	73.40	83.46	80.13
R^2	0.178	0.192	0.188
AR（2）	0.302	0.316	0.241
Sargan 检验 P 值	0.451	0.378	0.463

6.5.3 不同所有制样本数据

按照不同所有制对企业样本组进行划分，包括国有企业和非国有企业样本，这里设定模型如下：

$$DVAR_{it} = \gamma_1 div_{it} \times ST + \gamma_2 div_{it} \times FST + \gamma_x X_{it} + \varepsilon_{it} \qquad (6-5)$$

式中，ST 表示国有企业的虚拟变量，FST 表示非国有企业的虚拟变量，其他变量符号的含义与式（6-1）相同。估计结果如表 6-8 所示，以面板固定效应估计结果为例，国有企业的零部件分工与出口国内附加值表现为正相关，非国有企业的零部件分工没有表现出这种关系，非国有企业的加工品分工和初级品分工与出口国内附加值表现为正相关，而国有企业的加工品分工和初级品分工没有表现出这种关系。由此可以看出，国有企业的零部件分工对出口国内附加值具有显著的技术溢出效应，非国有企业的加工品分工和初级品分工对出口国内附加值具有显著的规模经济效应。以上结果表明，国有企业的零部件分工显著促进了出口国内附加值提升，国有企业的加工品分工和初级品分工对出口国内附加值的提升影响则不显著。非国有企业的加工品分工和初级品分工显著提升了出口国内附加值，而非国有企业的零部件分工对出口国内附加值没有提升作用。

表 6-8 不同所有制企业的分析

变量	零部件	加工品	初级品
	（1）	（3）	（5）
$div \times ST$	9.013 ***	3.041	0.406
	（6.13）	（0.93）	（1.15）
$div \times FST$	1.047	4.137 ***	2.158 **
	（0.83）	（6.03）	（2.18）
控制变量	是	是	是
地区效应	控制	控制	控制
时间效应	控制	控制	控制
企业效应	控制	控制	控制
行业效应	控制	控制	控制
F	186.25	176.14	137.16
R^2	0.316	0.347	0.445

6.6 各行业样本分析

6.6.1 基本回归

在资本密集型行业、劳动密集型行业、资源密集型行业层面的分析基础上，本书进一步探讨各个行业的生产分工对出口国内附加值影响，估计方程如式（6-6）所示：

$$DVAR_{it} = \alpha + \beta div_{it} + \varepsilon_{it} \tag{6-6}$$

式中，截距项是效率参数，截距项 α 参数表示其他因素对出口国内附加值的影响，代表了出口国内附加值中不能被生产分工变量所解释的部分，β 表示各个行业的弹性系数，体现了生产分工对出口国内附加值影响的行业特征，为了解决互为因果可能存在的内生性问题，这里采用面板固定效应的变系数模型，具体估计结果如表 6-9 所示。可以看出，生产分工对出口国内附加值的长期效应显著，但是行业异质性特征比较明显。

表6-9 各个行业的基本回归结果

行业	零部件		加工品		初级品	
	截距项	弹性系数	截距项	弹性系数	截距项	弹性系数
煤炭矿采	0.367	0.326 (1.14)	-0.628	0.043 (1.06)	3.555	3.415*** (5.25)
石油矿采	0.424	2.447 (1.08)	0.665	2.005*** (6.78)	-1.678	2.148*** (6.17)
黑金矿采	0.318	2.038* (1.81)	0.473	0.449*** (4.93)	0.234	6.114*** (5.22)
有金矿采	0.119	0.756* (1.72)	-0.613	0.339** (2.42)	0.314	3.142*** (3.19)
非金属矿采	-0.284	2.044 (1.34)	-0.556	3.257*** (6.38)	0.470	4.015*** (4.18)
农副产品	0.449	1.167 (1.09)	1.047	4.231** (2.11)	2.152	2.152*** (6.15)
食品	2.439	2.045 (1.56)	3.367	5.130** (2.45)	1.689	0.008 (1.24)
饮料	0.314	0.480 (0.72)	1.714	8.235*** (9.40)	3.435	0.427 (1.03)
烟草	0.656	1.055* (1.77)	1.995	2.226*** (7.75)	0.824	-2.415* (-1.74)
纺织	0.280	2.035 (0.85)	4.463	6.040*** (5.19)	3.543	2.410 (0.72)
服装	0.045	1.760 (1.56)	2.417	3.314*** (4.57)	6.280	1.418* (1.84)
皮革羽毛	1.428	0.669 (0.77)	5.008	10.043*** (5.18)	1.490	1.259** (2.37)
木材藤草	-0.557	0.464 (0.14)	4.139	4.558*** (4.19)	0.693	2.113** (2.05)
家具	0.429	1.505 (0.19)	1.118	1.156*** (4.57)	4.013	1.114 (0.83)
造纸	-0.318	0.916** (1.97)	2.414	1.042** (2.30)	2.141	0.410 (0.86)
印刷	0.911	1.004* (1.78)	1.616	0.715* (1.68)	1.101	1.053 (1.26)

续表

行业	零部件		加工品		初级品	
	截距项	弹性系数	截距项	弹性系数	截距项	弹性系数
文体用品	1.780	1.813 (1.47)	2.558	8.419*** (9.17)	2.156	0.417 (1.19)
石化炼焦	0.034	1.990* (1.90)	0.936	3.032*** (4.25)	1.310	2.248** (2.10)
化学工业品	0.093	1.460* (1.70)	2.165	0.410*** (3.17)	0.885	0.605 (0.69)
医药	-0.246	2.043** (2.52)	3.429	0.777 (0.81)	1.141	0.350* (1.91)
化学纤维	0.314	1.780* (1.93)	4.183	0.046 (0.83)	2.034	0.313 (0.95)
橡胶	-0.556	0.414** (2.03)	1.539	6.237** (2.38)	1.780	0.415* (1.64)
塑料	3.356	0.006* (1.63)	0.776	0.485*** (6.59)	0.415	0.776 (0.89)
非金属矿物	2.239	0.318* (1.75)	1.442	0.340*** (5.26)	0.338	2.234*** (3.93)
黑金冶炼	1.414	2.404 (1.08)	3.607	0.824** (2.55)	0.512	4.061*** (5.17)
有金冶炼	0.279	0.776 (1.55)	2.355	0.514* (1.75)	4.238	3.163** (2.10)
金属制品	-0.883	0.540** (2.47)	-3.519	0.215* (1.94)	2.426	1.025*** (6.19)
通用设备	-2.170	2.166*** (4.25)	3.414	0.440 (1.23)	3.305	0.142 (0.87)
专用设备	-1.103	5.267** (2.16)	2.553	0.351 (1.05)	0.513	0.263 (1.17)
交运设备	0.398	10.044*** (3.57)	0.585	0.613 (0.77)	0.714	0.494 (0.78)
电气机械	0.169	12.113*** (5.65)	1.382	0.904 (1.38)	0.904	0.459 (0.97)
电子通信	0.334	8.904*** (4.13)	0.894	1.226 (0.79)	1.387	0.621 (0.84)

续表

行业	零部件		加工品		初级品	
	截距项	弹性系数	截距项	弹性系数	截距项	弹性系数
仪器仪表	0.205	9.114*** (5.10)	0.773	1.420 (0.94)	1.620	0.882 (0.91)
F	140.72		159.05		172.16	
R^2	0.314		0.278		0.299	

（1）对于零部件分工。

1）有 19 个行业的零部件分工对出口国内附加值提升有正向影响作用，但各个行业之间存在差异。表现如下：零部件分工对出口国内附加值提升产生的正向效应较高的行业包括专用设备制造业、交通运输设备制造业、电气机械及器材制造业、电子及通信计算机设备制造业、仪器仪表及文化办公用机械制造业，最高的是电气机械及器材制造业，影响系数为 12.113。零部件分工对出口国内附加值提升产生的正向效应较低的行业包括有色金属矿采选业、橡胶制品业、塑料制品业、金属制品业，最低的是塑料制品业，影响系数为 0.006。零部件分工对出口国内附加值提升产生的正向效应居中的行业包括黑色金属矿采选业、烟草加工业、造纸及纸制品业、印刷业记录媒介的复制、石油加工及炼焦业、化学原料及化学工业品制造业、医药制造业、化学纤维制造业、非金属矿物制品业、通用设备制造业。

2）有 14 个行业的零部件分工对出口国内附加值提升不显著或有负向关系，包括煤炭采选业、石油和天然气开采业、非金属矿采选业、农副食品加工业、食品制造业、饮料制造业、纺织业、服装及其他纤维制品制造业、皮革毛皮羽毛及其制造业、木材加工及竹藤棕草制品业、家具制造业、文教体育用品制造业、黑色金属冶炼及压延加工业、有色金属冶炼及压延加工业。由此说明这些行业的零部件分工对出口国内附加值的提升影响不明显。

（2）对于加工品分工。

1）有 24 个行业的加工品分工对出口国内附加值提升有正向影响作用。其中，这种正向效应较高的行业包括农副食品加工业、食品制造业、饮料制造业、纺织业、服装及其他纤维制品制造业、皮革毛皮羽毛及其制造业、木材加工及竹藤棕草制品业、文教体育用品制造业、橡胶制品业，其中，影响最大的是皮革毛皮羽毛及其制造业，系数为10.043。这种正向效应较低的行业包括黑色金属矿采选业、有色金属矿采选业、非金属矿采选业、家具制造业、造纸及纸制品业、印刷业记录媒介的复制、化学原料及化学工业品制造业、非金属矿物制品业、黑色金属冶炼及压延加工业、有色金属冶炼及压延加工业、金属制品业，其中，影响最小的是金属制品业，系数为0.215。这种正向效应居中的行业包括石油和天然气开采业、非金属矿采选业、烟草加工业、塑料制品业。

2）有9个行业的加工品分工对出口国内附加值提升不显著或有负向影响作用，包括煤炭采选业、医药制造业、化学纤维制造业、通用设备制造业、专用设备制造业、交通运输设备制造业、电气机械及器材制造业、电子及通信计算机设备制造业、仪器仪表及文化办公用机械制造业。

（3）对于初级品分工。

1）有17个行业的初级品分工对出口国内附加值提升有正向影响作用。这里面正向效应较高的行业包括煤炭采选业、石油和天然气开采业、黑色金属矿采选业、有色金属矿采选业、非金属矿采选业、农副食品加工业、石油加工及炼焦业、非金属矿物制品业、黑色金属冶炼及压延加工业、有色金属冶炼及压延加工业，影响最高的是黑色金属矿采选业，系数为6.114。这种正向效应较低的行业包括医药制造业、橡胶制品业、金属制品业，影响最低的是医药制造业，系数为0.350。这种正向效应居中的行业包括纺织业、服装及其他纤维制品制造业、皮革毛皮羽毛及其制造业、木材加工及竹藤棕草制品业。

2）有16个行业的初级品分工对出口国内附加值提升不显著或有负向影响作用，包括食品制造业、饮料制造业、烟草加工业、家具制造业、造纸及纸制品业、印刷业记录媒介的复制、文教体育用品制造业、化学原料及化学工业品制造业、化学纤维制造业、塑料制品业、通用设备制造业、专用设备制造业、交通运输设备制造业、电气机械及器材制造业、电子及通信计算机设备制造业、仪器仪表及文化办公用机械制造业。

总体来看，零部件分工、加工品分工、初级品分工对出口国内附加值的影响在各个行业差异性很大，这与各个行业的经济发展和要素禀赋结构有关。

6.6.2 波动效应

上文探讨的是行业层面的生产分工对出口国内附加值影响的长期均衡关系，

这里进一步探讨二者之间的短期波动关系，为此，建立误差修正模型如下：

$$DVAR_{it} = \alpha_i ECM_{i,t-1} + \beta_i \Delta div_{it} + \varepsilon_{it} \quad i=1,2,\cdots,n;\ t=1,2,\cdots,T \quad (6-7)$$

式中，Δ 表示一阶差分，差分项显示的是短期波动的影响，出口国内附加值的变动主要包括两个部分：一是偏离长期均衡的影响，二是短期生产分工的波动影响。α_i 为误差修正系数，其值反映了对偏离长期均衡的调整力度，β_i 表示短期波动影响系数，该值反映了短期波动的影响情况，误差修正机制产生的条件是误差修正系数 α_i 为零的原假设不能成立，此时说明生产分工与出口国内附加值之间的长期均衡关系是可靠的，反之不可靠，而变量之间存在短期波动影响则要满足拒绝 β_i 为零的原假设，反之不存在短期波动影响。估计结果如表 6-10 所示。

表 6-10　波动效应估计结果

行业	零部件		加工品		初级品	
	α_i	β_i	α_i	β_i	α_i	β_i
煤炭矿采	0.116* (1.73)	1.455 (1.30)	-0.734 (-0.91)	0.885 (0.90)	1.111*** (5.97)	1.930*** (6.13)
石油矿采	-0.235* (-1.63)	0.378 (1.10)	0.468** (1.99)	0.236 (0.51)	-0.561** (-2.49)	1.517*** (3.51)
黑金矿采	0.418 (0.66)	0.446 (0.67)	-0.179** (-2.19)	0.373** (2.45)	0.440*** (5.60)	1.262*** (4.56)
有金矿采	0.175 (0.98)	0.834 (1.05)	-0.238 (-0.84)	0.252 (0.72)	0.833*** (5.87)	1.730*** (4.19)
非金属矿采	-0.225* (-1.84)	0.471*** (6.13)	-0.033 (-0.65)	-0.041 (-0.41)	0.526** (2.14)	2.303*** (4.32)
农副产品	0.699 (0.89)	0.487 (0.14)	2.360 (1.40)	-1.334 (-0.46)	0.996** (2.05)	0.548* (1.73)
食品	0.244 (0.93)	3.441 (0.62)	1.414* (1.67)	-0.524** (-2.34)	0.813* (1.93)	0.834* (1.66)
饮料	0.454 (1.41)	1.617 (0.99)	-1.536** (-2.44)	3.405* (1.79)	0.473 (0.74)	0.712* (1.91)
烟草	-0.415*** (-5.27)	4.288 (0.54)	0.343** (1.99)	1.220** (2.17)	0.314 (0.94)	-2.130* (-1.86)
纺织	0.338 (1.26)	2.353 (0.15)	0.812*** (4.56)	3.447*** (8.14)	0.015 (0.64)	0.267** (2.12)

续表

行业	零部件		加工品		初级品	
	α_i	β_i	α_i	β_i	α_i	β_i
服装	0.478 (1.55)	4.565 (1.32)	0.522** (2.24)	2.005*** (5.17)	0.720 (0.55)	0.105* (1.70)
皮革羽毛	0.225 (1.05)	1.793** (2.15)	0.308*** (4.19)	3.165*** (4.15)	0.513 (0.66)	0.307 (0.48)
木材藤草	0.489 (0.75)	3.053 (1.19)	0.145** (2.32)	0.668** (2.04)	0.440 (0.78)	0.032** (1.99)
家具	-0.266*** (-5.94)	2.415*** (3.87)	-0.339*** (-4.17)	0.713*** (3.44)	-0.714 (-0.73)	1.312* (1.85)
造纸	-0.463*** (-3.79)	1.773** (2.51)	-0.672** (-2.11)	0.671** (1.97)	1.314* (1.17)	1.001* (1.66)
印刷	-0.445*** (-2.93)	2.565*** (4.27)	-1.810** (-2.45)	3.441*** (5.73)	1.890 (0.84)	0.234 (1.55)
文体用品	0.391 (1.45)	3.987* (1.91)	0.019*** (3.14)	5.040*** (4.73)	0.505 (1.22)	0.471 (1.31)
石化炼焦	0.220 (1.39)	3.143* (1.67)	0.017 (0.82)	2.404*** (6.16)	0.416*** (3.73)	0.335* (1.91)
化学工业品	-1.005* (-1.76)	0.505* (1.93)	0.651 (1.42)	0.009 (0.65)	0.226* (1.70)	0.873* (1.69)
医药	-1.694 (-0.72)	1.565*** (6.49)	0.042 (0.48)	0.471 (0.50)	0.356 (0.93)	0.413 (1.12)
化学纤维	0.411* (1.85)	3.443* (1.78)	0.416 (0.83)	1.037 (0.69)	0.502 (0.83)	0.351 (1.04)
橡胶	-0.558* (-1.66)	1.458** (2.30)	0.665 (1.23)	2.172** (2.13)	0.413** (2.40)	0.812 (1.17)
塑料	0.771 (0.45)	2.303*** (4.46)	0.414 (1.05)	0.611*** (6.44)	0.387 (0.15)	-0.214 (-1.15)
非金属矿物	-1.342*** (-5.48)	1.449** (2.51)	-0.434 (-1.47)	0.304*** (5.19)	1.860 (1.78)	0.451*** (4.29)
黑金冶炼	0.617 (0.88)	0.242 (0.76)	0.652 (1.13)	0.343** (2.20)	0.443** (2.14)	2.556*** (7.11)
有金冶炼	0.703* (1.85)	0.919 (1.27)	0.482 (1.14)	0.813* (1.83)	1.400** (2.42)	1.539*** (2.99)

· 133 ·

续表

行业	零部件		加工品		初级品	
	α_i	β_i	α_i	β_i	α_i	β_i
金属制品	0.455* (1.79)	0.456*** (3.78)	1.038*** (2.97)	0.415 (0.86)	0.249** (2.45)	0.725*** (3.16)
通用设备	-1.337*** (-8.67)	5.785*** (6.49)	1.254 (0.95)	1.606 (1.40)	0.708* (1.94)	0.835 (1.21)
专用设备	-2.414*** (-5.63)	2.220** (2.33)	1.839* (1.64)	0.606 (0.97)	0.472 (0.62)	0.046 (1.16)
交运设备	-1.669*** (-3.19)	4.280*** (4.18)	0.353 (1.40)	0.436 (0.86)	0.516 (0.59)	0.428 (1.32)
电气机械	-2.418** (-2.39)	4.177*** (8.22)	0.710 (0.66)	0.773 (1.34)	0.417 (1.17)	0.413 (1.24)
电子通信	-3.893*** (-5.14)	5.260*** (2.89)	0.830 (0.76)	0.912 (1.28)	0.459 (1.00)	0.713 (1.28)
仪器仪表	-1.208*** (-8.18)	3.108*** (3.43)	0.994 (1.17)	0.794 (1.06)	0.617 (1.20)	0.880 (1.11)

（1）对于零部件分工。

1）从误差修正系数看，大多数行业的误差修正系数符号为负，其中，通过显著性检验的包括煤炭采选业、石油和天然气开采业、非金属矿采选业、烟草加工业、家具制造业、造纸及纸制品业、印刷业记录媒介的复制、化学原料及化学制品制造业、化学纤维制造业、橡胶制品业、非金属矿物制品业、专用设备制造业、交通运输设备制造业、电气机械及器材制造业、电子及通信计算机设备制造业、仪器仪表及文化办公用机械制造业等。误差修正系数为负，表明具有反向修正作用，也即在上一期，如果出口国内附加值低于长期均衡值，则误差修正项为负值，为了使出口国内附加值增加，以缩小出口国内附加值水平的偏移，使得其向长期均衡值移动。反之，误差修正项会使得出口国内附加值减小，从而导致出口国内附加值水平向与生产分工协调的方向调整。在短期内，生产分工与出口国内附加值之间的关系可能会偏离长期均衡水平，但二者之间的关系由短期偏离向长期偏离调整的速度较快，并且各行业的调整速度不同，$ECM_{i,t-1}$调整的力度也不同。具体表现在化学原料及化学工业品制造业、非金属矿物制品业、通用设备制造业、专用设备制造业、交通运输设备制造业、电气机械及器材制造业、电子及通信计算机设备制造业、仪器仪表及文化办公用机械制造业等行业的短期波动对偏离长期均衡的调整速度较快，而煤炭采选业、石油和天然气开采业、非金属矿采选业、家具制造业、橡胶制品业等行业的调整速度较慢。

2）从短期效应看，非金属矿采选业、皮革毛皮羽毛及其制造业、家具制造业、造纸及纸制品业、印刷业记录媒介的复制、文教体育用品制造业、石油加工及炼焦业、化学原料及化学工业品制造业、医药制造业、橡胶制品业、塑料制品业、非金属矿物制品业、金属制品业、通用设备制造业、专用设备制造业、交通运输设备制造业、电气机械及器材制造业、电子及通信计算机设备制造业、仪器仪表及文化办公用机械制造业等行业的零部件分工系数均通过了显著性检验，说明这些行业的零部件分工对出口国内附加值的短期效应较为明显。从短期效应的大小看，通用设备制造业、交通运输设备制造业、电气机械及器材制造业、电子及通信计算机设备制造业的零部件分工系数较大，也即这几个行业生产分工在短期内对出口国内附加值提升具有显著影响。其中，通用设备制造业的零部件分工系数最大，系数为 5.785，说明该行业的短期效应最为突出，其余行业的短期效应不明显。

（2）对于加工品分工。

1）从误差修正系数看，通过显著性检验的包括石油和天然气开采业、黑色金属矿采选业、食品制造业、饮料制造业、烟草加工业、纺织业、服装及其他纤维制品制造业、皮革毛皮羽毛及其制造业、木材加工及竹藤棕草制品业、家具制造业、造纸及纸制品业、印刷业记录媒介的复制、文教体育用品制造业、金属制品业、专用设备制造业等，这些行业的生产分工与出口国内附加值之间的关系可能会偏离长期均衡水平，但二者之间的关系由短期偏离向长期偏离调整的速度较快，并且各行业的调整速度不同，$ECM_{i,t-1}$ 调整的力度也不同。具体表现在食品制造业、饮料制造业、纺织业、印刷业、记录媒介的复制、金属制品业、专用设备制造业等行业的短期波动对偏离长期均衡的调整速度较快，而石油和天然气开采业、烟草加工业、皮革毛皮羽毛及其制造业、木材加工及竹藤棕草制品业、家具制造业、文教体育用品制造业等行业的调整速度较慢。

2）从短期效应看，黑色金属矿采选业、食品制造业、饮料制造业、烟草加工业、纺织业、服装及其他纤维制品制造业、皮革毛皮羽毛及其制造业、木材加工及竹藤棕草制品业、家具制造业、造纸及纸制品业、印刷业、记录媒介的复制、文教体育用品制造业、石油加工及炼焦业、橡胶制品业、塑料制品业、非金属矿物制品业、黑色金属冶炼及压延加工业、有色金属冶炼及压延加工业等行业的加工品分工系数均通过了显著性检验，说明这几个行业的加工品分工对出口国内附加值的短期效应较为明显。从短期效应的大小看，饮料制造业、纺织业、皮革毛皮羽毛及其制造业、印刷业记录媒介的复制、文教体育用品制造业的加工品分工系数较大，说明这几个行业的短期效应较为突出，也即这几个行业加工品分工在短期内对出口国内附加值提升具有显著影响。其余行业的短期效应不明显。

（3）对于初级品分工。

1）从误差修正系数看，通过显著性检验的行业包括煤炭采选业、石油和天然气开采业、黑色金属矿采选业、有色金属矿采选业、非金属矿采选业、农副食品加工业、食品制造业、造纸及纸制品业、石油加工及炼焦业、化学原料及化学工业品制造业、橡胶制品业、黑色金属冶炼及压延加工业、有色金属冶炼及压延加工业、金属制品业等，这些行业的生产分工与出口国内附加值之间的关系可能会偏离长期均衡水平，但二者之间的关系由短期偏离向长期偏离调整的速度较快，并且各行业的调整速度不同，$ECM_{i,t-1}$ 调整的力度也不同。具体表现在煤炭采选业、有色金属矿采选业、农副食品加工业、食品制造业、造纸及纸制品业、非金属矿物制品业等行业的短期波动对偏离长期均衡的调整速度较快，而黑色金属矿采选业、化学原料及化学工业品制造业、橡胶制品业、黑色金属冶炼及压延加工业等行业的调整速度较慢。

2）从短期效应看，煤炭采选业、石油和天然气开采业、黑色金属矿采选业、有色金属矿采选业、非金属矿采选业、农副食品加工业、食品制造业、饮料制造业、烟草加工业、纺织业、服装及其他纤维制品制造业、木材加工及竹藤棕草制品业、家具制造业、造纸及纸制品业、石油加工及炼焦业、化学原料及化学工业品制造业、非金属矿物制品业、黑色金属冶炼及压延加工业、有色金属冶炼及压延加工业、金属制品业等行业的初级品分工系数均通过了显著性检验，说明这几个行业的初级品分工对出口国内附加值的短期效应较为明显。从短期效应的大小看，煤炭采选业、石油和天然气开采业、黑色金属矿采选业、有色金属矿采选业、非金属矿采选业、黑色金属冶炼及压延加工业、有色金属冶炼及压延加工业的初级品分工系数较大，说明这几个行业的短期效应非常突出，也即这几个行业初级品分工在短期内对出口国内附加值提升具有显著影响。其余行业的短期效应不明显。

6.6.3 调节效应

为了揭示要素禀赋对生产分工影响出口国内附加值的调节作用，本节基于资产专用性和所有制结构两个维度考察要素禀赋的调节效应，具体设定模型如下：

$$DVAR_{it} = \alpha_0 + \alpha_1 div_{it} \times zc_{it} + \varepsilon_{it} \qquad (6-8)$$

$$DVAR_{it} = \alpha_0 + \alpha_1 div_{it} \times sy_{it} + \varepsilon_{it} \qquad (6-9)$$

式中，$DVAR_{it}$ 表示出口国内附加值，div_{it} 表示生产分工，zc_{it} 表示资产专用性，sy_{it} 表示所有制结构，ε_{it} 表示随机误差项，资产专用性采用各行业固定资产占总资产比值衡量，所有制结构采用各行业民营企业产值占所有工业企业总产值比重衡量。采用面板固定效应变系数模型进行估计，结果如表6-11所示。

表6-11 调节效应分析

行业	零部件		加工品		初级品	
	$div_{it} \times zc_{it}$	$div_{it} \times sy_{it}$	$div_{it} \times zc_{it}$	$div_{it} \times sy_{it}$	$div_{it} \times zc_{it}$	$div_{it} \times sy_{it}$
煤炭矿采	1.428*	1.005*	0.413	0.648	2.894***	2.342**
	(1.63)	(1.73)	(0.68)	(0.75)	(3.27)	(2.17)
石油矿采	1.224*	0.413*	0.241	0.349	1.104***	1.004**
	(1.71)	(1.68)	(0.33)	(0.18)	(4.17)	(2.33)
黑金矿采	0.367*	0.556*	0.582	0.245	2.378***	1.665**
	(1.89)	(1.74)	(1.54)	(1.13)	(4.00)	(1.99)
有金矿采	0.571**	1.725*	0.257	0.413	0.413**	0.610***
	(2.45)	(1.93)	(1.03)	(1.04)	(2.44)	(5.41)
非金属矿采	2.350*	3.024*	0.413	0.516	0.336**	1.398***
	(1.70)	(1.67)	(0.76)	(1.27)	(2.17)	(2.99)
农副产品	0.330	1.035	0.511	0.417	0.415**	7.356**
	(1.14)	(1.08)	(1.17)	(1.08)	(2.07)	(1.98)
食品	0.767	0.118	4.235***	0.671	1.474***	1.301*
	(0.83)	(1.43)	(7.19)	(1.40)	(2.82)	(1.67)
饮料	0.660	0.412	2.033**	1.245***	1.903***	0.411***
	(0.54)	(1.40)	(2.34)	(4.19)	(6.15)	(3.38)
烟草	2.145***	0.378	0.512	0.343	0.578	0.456
	(6.98)	(0.55)	(1.13)	(0.82)	(0.44)	(0.14)

续表

行业	零部件		加工品		初级品	
	$div_{it} \times zc_{it}$	$div_{it} \times sy_{it}$	$div_{it} \times zc_{it}$	$div_{it} \times sy_{it}$	$div_{it} \times zc_{it}$	$div_{it} \times sy_{it}$
纺织	0.035 (1.11)	1.205 (0.56)	5.254 * (1.79)	4.335 ** (1.98)	0.336 (0.17)	0.116 * (1.77)
服装	−0.431 (−0.46)	0.410 (1.23)	1.228 (1.05)	2.573 ** (2.19)	0.425 (1.18)	0.187 ** (2.03)
皮革羽毛	−0.033 (−1.34)	1.702 (0.82)	1.446 (0.24)	4.405 *** (3.98)	0.590 * (1.84)	0.136 *** (5.69)
木材藤草	0.248 (0.75)	0.133 (0.29)	0.546 (1.09)	1.335 *** (4.19)	1.344 ** (2.20)	0.404 ** (2.39)
家具	0.412 (0.16)	2.004 (0.78)	0.427 * (1.73)	0.436 ** (2.48)	0.446 (1.02)	1.036 ** (2.10)
造纸	0.556 * (1.77)	0.415 *** (4.92)	0.336 (0.93)	0.134 * (1.85)	0.230 (0.66)	0.570 (1.42)
印刷	0.380 ** (2.14)	1.858 *** (5.27)	0.745 (0.12)	0.443 (1.43)	0.337 (0.72)	0.410 (1.30)
文体用品	−1.334 (−0.56)	1.713 (0.42)	0.367 * (1.72)	0.253 * (1.92)	0.745 ** (2.15)	1.028 ** (2.06)
石化炼焦	2.435 * (1.83)	0.559 *** (3.13)	0.348 (0.54)	0.300 ** (2.13)	0.458 (1.12)	0.261 (1.14)
化学工业品	4.251 * (1.93)	3.447 *** (5.14)	−0.561 (−1.15)	0.362 (1.45)	0.673 (0.48)	0.325 (0.55)
医药	2.113 ** (1.98)	0.713 *** (3.69)	0.327 * (1.71)	0.510 (0.83)	1.001 (0.78)	0.144 (1.11)
化学纤维	1.008 * (1.91)	0.425 ** (2.11)	0.416 ** (2.10)	1.424 (0.66)	0.751 (0.48)	0.423 (0.69)
橡胶	0.617 ** (2.14)	0.201 (1.11)	0.389 *** (7.17)	2.110 *** (3.44)	0.336 (1.56)	0.197 (0.88)
塑料	0.534 (1.03)	0.356 (0.62)	0.524 *** (3.75)	0.414 ** (2.20)	0.490 * (1.81)	0.430 * (1.73)
非金属矿物	−0.410 (−0.62)	0.278 (1.05)	−0.308 (−1.14)	0.248 (0.20)	0.567 ** (2.10)	0.234 (1.04)
黑金冶炼	0.557 (0.91)	1.252 * (1.74)	0.517 * (1.90)	0.402 (1.47)	0.414 ** (1.98)	0.322 (0.41)

续表

行业	零部件		加工品		初级品	
	$div_{it} \times zc_{it}$	$div_{it} \times sy_{it}$	$div_{it} \times zc_{it}$	$div_{it} \times sy_{it}$	$div_{it} \times zc_{it}$	$div_{it} \times sy_{it}$
有金冶炼	1.617 (1.14)	1.824* (1.65)	0.414* (1.84)	1.258 (1.13)	0.453 (1.16)	0.210 (0.10)
金属制品	0.844** (2.09)	0.338** (2.04)	1.220* (1.73)	1.424 (0.99)	0.232 (0.55)	0.028 (1.03)
通用设备	0.102** (2.24)	1.251 (0.58)	0.417* (1.67)	0.313 (1.57)	1.038 (0.27)	0.333 (0.21)
专用设备	0.532*** (4.79)	0.414 (0.83)	1.135 (0.18)	0.513 (1.42)	0.225 (0.15)	0.041 (0.26)
交运设备	0.428** (2.57)	0.662 (0.47)	0.182 (1.01)	0.335 (0.79)	0.585 (0.80)	0.240 (0.71)
电气机械	0.508*** (8.14)	0.359 (0.62)	0.546 (0.68)	0.854 (1.10)	0.362 (1.43)	0.241 (1.02)
电子通信	0.465** (2.06)	1.227 (0.73)	0.314 (0.73)	0.793 (0.89)	0.367 (1.42)	0.251 (0.88)
仪器仪表	2.627*** (5.11)	0.730 (0.85)	0.728 (0.82)	0.674 (1.10)	0.778 (1.16)	0.673 (0.64)
平均效应	1.453*** (13.27)	0.452*** (20.80)	0.783*** (6.22)	0.820*** (5.41)	1.108*** (7.17)	1.423*** (4.08)
R^2	0.894	0.795	0.738	0.815	0.881	0.903

（1）对于零部件分工。大多数行业的零部件分工与资产专用性的有效融合加强了生产分工对出口国内附加值的正向影响，而大部分行业的零部件分工与所有制结构的交互项对出口国内附加值没有产生显著的提升作用。具体地表现如下：

1）煤炭采选业、石油和天然气开采业、黑色金属矿采选业、有色金属矿采选业、非金属矿采选业、烟草加工业、造纸及纸制品业、印刷业、记录媒介的复制、石油加工及炼焦业、化学原料及化学制品制造业、医药制造业、化学纤维制造业、橡胶制品业、金属制品业、通用设备制造业、专用设备制造业、交通运输设备制造业、电气机械及器材制造业、电子及通信计算机设备制造业、仪器仪表及文化办公用机械制造业等行业，在零部件分工过程中，随着资产专用性的提升，最大限度地促进了零部件分工对出口国内附加值提升的正向影响，其中仪器仪表及文化办公用机械制造业的促进作用最强，交互项的影响系数为 2.627。而农副食品加工业、食品制造业、饮料制造业、纺织业、服装及其他纤维制品制造业、皮革毛皮羽毛及其制造业、木材加工及竹藤棕草制品业、家具制造业、文教体育用品制造业、塑料制品业、非金属矿物制品业、黑色金属冶炼及压延加工业、有色金属冶炼及压延加工业等行业的资产专用性提升并没有对零部件分工提升出口国内附加值产生正向调节作用。

2）煤炭采选业、石油和天然气开采业、黑色金属矿采选业、有色金属矿采选业、非金属矿采选业、造纸及纸制品业、印刷业记录媒介的复制、石油加工及炼焦业、化学原料及化学制品制造业、医药制造业等行业，在零部件分工过程中，随着民营资本占比提升，极大地促进了零部件分工对出口国内附加值的提升作用，其中化学原料及化学工业品制造业的促进作用最强，交互项的影响系数为 3.447。而农副食品加工业、食品制造业、饮料制造业、烟草加工业、纺织业、服装及其他纤维制品制造业、皮革毛皮羽毛及其制造业、木材加工及竹藤棕草制品业、家具制造业、橡胶制品业、塑料制品业等行业的民营资本占比提升并没有对零部件分工促进出口国内附加值产生调节作用。

从表 6-11 中的交互项系数与表 6-9 中的单独零部件分工系数比较可以看出，资产专用性的提升对零部件生产优势行业的零部件分工促进出口国内附加值影响的调节作用更好。民营资本占比的提升对零部件生产优势行业的零部件分工促进出口国内附加值影响的调节作用并不突出。这表明在零部件优势行业中，资产专用性的提升会显著推动零部件分工对出口国内附加值的促进作用，而民营资本占比的提升不会产生这种推动作用。

（2）对于加工品分工。大部分行业的加工品分工与资产专用性的交互项对出口国内附加值的提升作用并不明显，部分行业的加工品分工与所有制结构的交互项对出口国内附加值具有显著的提升作用，也有部分行业的加工品分工与所有制结构的交互项没有对出口国内附加值产生显著提升作用。具体地表现如下：

1）食品制造业、饮料制造业、纺织业、家具制造业、文教体育用品制造业、医药制造业、化学纤维制造业、橡胶制品业、塑料制品业、黑色金属冶炼及压延加工业、有色金属冶炼及压延加工业、金属制品业、通用设备制造业等行业在加工品分工过程中，随着资产专用性提升，极大地促进了加工品分工对出口国内附加值的正向影响，其中纺织业的促进作用最强，交互项的影响系数为5.254。而煤炭采选业、石油和天然气开采业、黑色金属矿采选业、有色金属矿采选业、非金属矿采选业、农副食品加工业、烟草加工业、服装及其他纤维制品制造业、皮革毛皮羽毛及其制造业、木材加工及竹藤棕草制品业、造纸及纸制品业、印刷业、记录媒介的复制、石油加工及炼焦业、化学原料及化学工业品制造业、专用设备制造业、交通运输设备制造业、电气机械及器材制造业、电子及通信计算机设备制造业、仪器仪表及文化办公用机械制造业等行业的资产专用性并没有对加工品分工提升出口国内附加值产生调节作用。

2）饮料制造业、纺织业、服装及其他纤维制品制造业、皮革毛皮羽毛及其制造业、木材加工及竹藤棕草制品业、家具制造业、造纸及纸制品业、文教体育用品制造业、石油加工及炼焦业、橡胶制品业、塑料制品业等行业，在加工品分工过程中，随着民营资本占比提升，极大地促进了加工品分工对出口国内附加值的提升作用，其中皮革毛皮羽毛及其制造业的促进作用最强，交互项的影响系数为4.405。而煤炭采选业、石油和天然气开采业、黑色金属矿采选业、有色金属矿采选业、非金属矿采选业、农副食品加工业、食品制造业、烟草加工业、印刷业、记录媒介的复制、化学原料及化学工业品制造业、医药制造业、化学纤维制造业、黑色金属冶炼及压延加工业、有色金属冶炼及压延加工业、金属制品业、通用设备制造业、专用设备制造业、交通运输设备制造业、电气机械及器材制造业、电子及通信计算机设备制造业、仪器仪表及文化办公用机械制造业等行业，这些行业的民营资本占比提升并没有对加工品分工提升出口国内附加值产生调节作用。

对表6-11中的交互项系数与表6-9中的单独加工品分工系数进行比较可以看出，资产专用性的提升对加工品优势行业的加工品分工促进出口国内附加值影响的调节作用并不突出，民营资本占比的提升对加工品优势行业的加工品分工促进出口国内附加值影响的调节作用较为突出，表明在加工品优势行业中，这些行业的资产专用性提升并没有促进加工品分工对出口国内附加值的推动，但民营资本提升却会显著推动加工品分工对出口国内附加值的促进作用。

（3）对于初级品分工。多数行业的初级品分工与资产专用性的交互项对出口国内附加值均产生显著的提升作用，少数行业的初级品分工与资产专用性的交互项对出口国内附加值没有产生显著的提升作用。有一部分行业的初级品分工与所有制结构的交互项对出口国内附加值具有显著的提升作用，也有部分行业的初级品分工与所有制结构的交互项对出口国内附加值没有产生显著提升作用。具体地：

1）煤炭采选业、石油和天然气开采业、黑色金属矿采选业、有色金属矿采选业、非金属矿采选业、农副食品加工业、食品制造业、饮料制造业、皮革毛皮羽毛及其制造业、木材加工及竹藤棕草制品业、文教体育用品制造业、塑料制品业、非金属矿物制品业、黑色金属冶炼及压延加工业等行业，在初级品分工过程中，随着资产专用性的持续投入，极大地促进了初级品分工对出口国内附加值的正向影响，其中煤炭采选业的促进作用最强，交互项的影响系数为 2.894。而烟草加工业、纺织业、服装及其他纤维制品制造业、家具制造业、造纸及纸制品业、印刷业、记录媒介的复制、石油加工及炼焦业、化学原料及化学制品制造业、医药制造业、化学纤维制造业、橡胶制品业、有色金属冶炼及压延加工业、金属制品业、通用设备制造业、专用设备制造业、交通运输设备制造业、电气机械及器材制造业、电子及通信计算机设备制造业、仪器仪表及文化办公用机械制造业等行业的资产专用性并没有对初级品分工提升出口国内附加值产生调节作用。

2）煤炭采选业、石油和天然气开采业、黑色金属矿采选业、有色金属矿采选业、非金属矿采选业、农副食品加工业、食品制造业、饮料制造业、纺织业、服装及其他纤维制品制造业、皮革毛皮羽毛及其制造业、木材加工及竹藤棕草制品业、家具制造业、文教体育用品制造业、塑料制品业等行业，在初级品分工过程中，随着民营资本占比提升，极大地促进了初级品分工对出口国内附加值的提升作用，其中农副食品加工业的促进作用最强，交互项的影响系数为 7.356。而烟草加工业、造纸及纸制品业、印刷业记录媒介的复制、石油加工及炼焦业、化学原料及化学制品制造业、医药制造业、化学纤维制造业、橡胶制品业、非金属矿物制品业、黑色金属冶炼及压延加工业、有色金属冶炼及压延加工业、金属制品业、通用设备制造业、专用设备制造业、交通运输设备制造业、电气机械及器材制造业、电子及通信计算机设备制造业、仪器仪表及文化办公用机械制造业等行业的民营资本占比提升并没有对初级品分工提升出口国内附加值产生调节作用。

对表 6-11 中的交互项系数与表 6-9 中的单独初级品分工系数进行比较可以

看出，资产专用性占比的提升对初级品优势行业的初级品分工促进出口国内附加值影响的调节作用比较突出，民营资本占比的提升对初级品优势行业的初级品分工促进出口国内附加值影响的调节作用也较为突出，表明这些行业的资产专用性和民营资本占比提升明显促进了初级品分工对出口国内附加值的推动作用。

6.7 本章小结

本章采用 2002~2020 年的面板数据，通过构建各种模型，探讨了零部件分工、加工品分工、初级品分工对出口国内附加值影响的行业层面差异，包括以下方面：资本密集型行业、劳动密集型行业、资源密集型行业分析，内生性问题分析（工具变量为企业中间品进口关税），稳健性分析（包括安慰剂检验、GMM分析、不同所有制样本分析），各行业样本分析（包括基本分析、波动效应、调节效应），主要结论如下：

第一，从行业层面看，资本密集型行业、劳动密集型行业、资源密集型行业的生产分工对出口国内附加值的影响均较为显著，资本密集型行业的零部件分工显著促进了出口国内附加值提升，劳动密集型行业的加工品分工和资源密集型行业的初级品分工显著提升了出口国内附加值。在内生性问题分析中，考虑采用企业中间品进口关税作为生产分工的工具变量，发现在剔除内生性问题情况下，资本密集型行业的零部件分工、资源密集型行业的加工品分工和劳动密集型行业的初级品分工对出口国内附加值提升的结论没有明显变化。在稳健性检验中，从反事实检验和 GMM 估计中再一次印证了基本结论的稳健性。对于不同所有制样本的分析表明，国有企业的零部件分工显著促进了出口国内附加值提升，而非国有企业的加工品分工和初级品分工显著提升了出口国内附加值。

第二，从各行业样本的异质分析看：①对于零部件分工，有 19 个行业的零部件分工对出口国内附加值提升有正向影响作用，其中，正向效应较高的行业有专用设备制造业、交通运输设备制造业、电气机械及器材制造业、电子及通信计算机设备制造业、仪器仪表及文化办公用机械制造业。有 14 个行业的零部件分工对出口国内附加值提升不显著或有负向关系，说明这些行业的零部件分工对出口国内附加值的提升影响不明显。②对于加工品分工，有 24 个行业的加工品分工对出口国内附加值提升有正向影响作用。其中，正向效应较高的行业有农副食品加工业、食品制造业、饮料制造业、纺织业、服装及其他纤维制品制造业、皮革毛皮羽毛及其制造业、木材加工及竹藤棕草制品业、文教体育用品制造业、橡胶制品业。有9个行业的加工品分工对出口国内附加值提升不显著或有负向影响作用。③对于初级品分工，有17个行业的初级品分工对出口国内附加值提升有正向影响作用。这种正向效应较高的行业有煤炭采选业、石油和天然气开采业、黑色金属矿采选业、有色金属矿采选业、非金属矿采选业、农副食品加工业、石油加工及炼焦业、黑色金属冶炼及压延加工业、有色金属冶炼及压延加工业。有16个行业的初级品分工对出口国内附加值提升不显著或有负向影响作用。

第三，由各行业样本的波动效应结果表明：①对于零部件分工，从调整速度来看，化学原料及化学制品制造业、非金属矿物制品业、通用设备制造业、专用设备制造业、交通运输设备制造业、电气机械及器材制造业、电子及通信计算机设备制造业、仪器仪表及文化办公用机械制造业等行业的短期波动对偏离长期均衡的调整速度较快。从短期效应大小来看，通用设备制造业、交通运输设备制造业、电气机械及器材制造业、电子及通信计算机设备制造业等，这几个行业的零部件分工对出口国内附加值的短期效应较为突出。②对于加工品分工，从调整速度来看，食品制造业、饮料制造业、纺织业、印刷业、记录媒介的复制、金属制品业、专用设备制造业等行业的短期波动对偏离长期均衡的调整速度较快。从短期效应大小来看，饮料制造业、纺织业、皮革毛皮羽毛及其制造业、印刷业、记录媒介的复制、文教体育用品制造业等行业，这些行业的加工品分工对出口国内附加值的短期效应较为突出。③对于初级品分工，从调整速度来看，煤炭采选业、有色金属矿采选业、农副食品加工业、食品制造业、造纸及纸制品业、非金属矿物制品业等行业的短期波动对偏离长期均衡的调整速度较快。从短期效应大小来看，煤炭采选业、石油和天然气开采业、黑色金属矿采选业、有色金属矿采选业、黑色金属冶炼及压延加工业、有色金属冶炼及压延加工业等行业，这几个行业的初级品分工对出口国内附加值的短期效应较为突出。

第四，从各行业样本的调节效应看，通过对交互项系数与单独生产分工系数进行比较可以发现：①对于零部件分工，资产专用性的提升对零部件优势行业的零部件分工促进出口国内附加值影响的调节作用更好，民营资本占比的提升对零部件优势行业的零部件分工促进出口国内附加值影响的调节作用并不突出。这表明零部件优势行业的资产专用性提升显著促进了零部件分工对出口国内附加值的推动作用，但是民营资本占比提升却没有促进零部件分工对出口国内附加值的推动效果。②对于加工品分工，资产专用性的提升对加工品优势行业的加工品分工促进出口国内附加值影响的调节作用并不突出，民营资本占比的提升对加工品优势行业的加工品分工促进出口国内附加值影响的调节作用较为突出，表明在加工品优势行业中，这些行业的资产专用性提升并没有促进加工品分工对出口国内附加值的推动，但民营资本占比提升却会显著推动加工品分工对出口国内附加值的促进作用。③对于初级品分工，资产专用性占比的提升对初级品优势行业的初级品分工促进出口国内附加值影响的调节作用比较突出，民营资本占比的提升对初级品优势行业的初级品分工促进出口国内附加值影响的调节作用也较为突出，表明在初级品优势行业中的资产专用性和民营资本占比提升明显促进了初级品分工对出口国内附加值的推动作用。

7 生产分工对出口国内附加值影响的作用机制与拓展分析

关于生产分工与出口国内附加值之间的作用机制，本书提出 TFP、技术创新、产业结构优化（合理化与高级化）、资源配置（资本和劳动力错配）、外商投资这几个可能的作用机制，本章在前面理论分析的基础上，采用面板数据和空间计量模型对各种作用机制进行分析。此外，我们还研究了贸易自由化的拓展影响，包括调节效应和强化作用。

7.1 作用机制

7.1.1 模型与变量

由于相邻地区之间的地理距离较小，生产要素便于流动，因此生产分工对出口国内附加值的影响可能存在空间上的依赖性，尤其是地区的经济水平、技术水平、产业结构、外商投资等因素都会产生空间溢出效应。本书采用空间计量模型考察生产分工对出口国内附加值的作用机制并进行检验，要确定各种作用机制是否成立，不仅要考虑生产分工对中介变量的影响，还要验证中介变量对出口国内附加值是否产生影响，两个过程合在一起才能够判断生产分工是否通过这些中介变量作用于出口国内附加值提升。本书构建如下空间杜宾模型和空间自回归模型，式（7-1）用来验证生产分工对 5 个中介变量的影响，式（7-2）用来验证5 个中介变量对出口国内附加值的影响。

$$M_{it} = \alpha_0 + \alpha_1 div_{it} + \alpha_2 w div_{it} + \sum_{i=1}^{3} \lambda_i X_{it} + \sum_{i=1}^{3} \lambda_i w X_{it} + \theta w M_{it} + u_i + \varepsilon_{it} \quad (7-1)$$

$$DVAR_{it} = \beta_0 + \beta_1 M_{it} + \sum_{i=1}^{3} \lambda_i X_{it} + \theta w DVAR_{it} + u_i + \varepsilon_{it} \qquad (7-2)$$

式中，M_{it} 是生产分工影响出口国内附加值提升的 5 个中介变量，div_{it} 是零部件分工、加工品分工、初级品分工，$DVAR_{it}$ 是出口国内附加值，X_{it} 是控制变量，表示影响出口国内附加值提升的其他因素，包括产业集中度、企业利润、干中学，w 是空间权重矩阵，θ 是空间自回归系数，u_i 是各种固定效应，ε_{it} 是随机扰动项。

零部件分工、加工品分工、初级品分工、出口国内附加值、产业集中度、企业利润、干中学的测度办法与第 4 章相同，具体见 4.1 节，这里对本章补充的变量介绍如下：

（1）TFP。本书使用 Svaleryd 和 Vlachos（2005）的估算框架，采用 OP 生产函数测算企业的 TFP。其中，实际产出采用企业的工业总产值进行衡量，工业总产值使用样本基期的固定资产投资价格指数进行平减处理。资本要素投入根据 $K = \dfrac{I}{(\sigma + \gamma)}$ 进行估算，劳动要素投入采用企业的从业人员数量，中间品投入采用去除资本、劳动、原材料投入以外的其他中间投入。

（2）技术创新。采用专利授权数量度量，并取对数，企业专利数据来自中国专利公告网、中国专利检索系统，依据企业名称对专利数据与工业企业数据库进行匹配。

（3）产业结构。考虑产业结构高级化和合理化两个变量，借鉴章志华和唐礼智（2019）的方法，构造产业结构高级化指数为：

$$adv_{it} = \left[\prod_{k=1}^{m} \left(\sum_{j=1}^{n} \frac{Y_{ijt}}{Y_{it}} \times \frac{Y_{ijt}}{F_{ijkt}} \right) \right]^{\frac{1}{m}} \qquad (7-3)$$

式中，adv_{it} 为 i 省 t 年的产业结构高级化，Y_{it} 为 i 省 t 年的总产值，Y_{ijt} 为 i 省 j 产业 t 年的总产值，F_{ijkt} 为 i 省 j 产业 t 年 k 生产要素的投入量，式（7-3）表明某地区要素生产率高的企业比重越大，则该地区的生产力水平越高，产业结构高级化水平越突出。

基于 Theil 在 1967 年提出的泰尔指数，本书借鉴吴万宗等（2018）的方法，构造产业结构合理化指数如下：

$$rat_{it} = \left[\prod_{k=1}^{m} \left(\sum_{j=1}^{n} \frac{Y_{ijt}}{Y_{it}} \times \ln \left(\frac{Y_{ijt}/Y_{it}}{F_{ijkt}/F_{ikt}} \right) \right) \right]^{\frac{1}{m}} \qquad (7-4)$$

式中，rat_{it} 为 i 省 t 年的产业结构合理化，F_{ikt} 为 i 省 t 年 k 生产要素的所有投入量，其他符号与式（7-3）相同。

（4）资源配置。包括资本错配和劳动力错配，借鉴白俊红和刘宇英（2018）的方法，定义资本错配（CM_i）和劳动力错配（LM_i）的公式为：

$$CM_i = \frac{1}{\gamma_{k_i}} - 1, \quad LM_i = \frac{1}{\gamma_{L_i}} - 1 \tag{7-5}$$

当错配指数小于 0 时，表示资源错配过度，大于 0 表示资源配置不足，对两个指数取绝对值，绝对值越大，表示资源错配越严重。式中，γ_{K_i}、γ_{L_i} 为要素价格扭曲系数，分别采用下式进行估计：

$$\gamma_{K_i} = \left(\frac{K_i}{K}\right) \bigg/ \left(\frac{s_i \beta_{K_i}}{\beta_K}\right), \quad \gamma_{L_i} = \left(\frac{L_i}{L}\right) \bigg/ \left(\frac{s_i \beta_{L_i}}{\beta_L}\right) \tag{7-6}$$

式中，K_i/K 代表各个地区的资本存量占全国资本存量的比重，L_i/L 代表各个地区的劳动力占全国劳动力的比重，s_i 代表地区 i 的产值占全国产值的比重，β_{K_i}、β_{L_i} 分别代表资本和劳动力的要素产出弹性，它们的数值借鉴张军等（2004）的做法，采用永续盘存法进行估计。

（5）外商投资。外商投资采用各地区实际利用外资占 GDP 比值表示。

以上数据来源为《中国统计年鉴》《中国劳动年鉴》《中国科技年鉴》和各个地区的统计年鉴，数据样本为 2002~2020 年 31 个省份的面板数据，各个变量的描述性统计如表 7-1 所示。

表 7-1　各个变量的描述性统计

变量	符号	均值	中位数	标准差	最小值	最大值
出口国内附加值	dvar	9.473	7.317	3.032	2.108	30.114
零部件分工	divl	6.189	4.110	1.098	0.704	9.082
加工品分工	divj	4.083	5.170	0.278	0.614	8.202
初级品分工	divc	3.211	3.708	0.091	0.221	7.737
TFP	tfp	0.476	0.512	0.306	0.061	1.201
技术创新	inn	12.330	15.083	25.170	3.087	31.141
产业结构合理化	rat	0.067	0.050	0.009	0.007	0.237
产业结构高级化	adv	0.008	0.006	0.003	0.000	0.044

续表

变量	符号	均值	中位数	标准差	最小值	最大值
资本配置	*cm*	2.160	2.103	1.074	1.563	5.086
劳动力配置	*lm*	1.740	1.330	0.805	0.079	3.160
FDI	*fdi*	5.804	6.116	1.080	2.370	8.413
干中学	*lear*	12.804	15.617	3.228	4.082	20.315
企业利润	*prof*	5.160	3.280	1.111	2.113	10.904
产业集中度	*mark*	0.043	0.026	0.007	0.009	0.082

7.1.2　空间相关性检验

变量的空间相关性是使用空间计量模型的基础，因此需要先对变量间进行空间自相关检验。

这里，采用 Moran 指数和 Geary 指数进行验证，Moran 指数取值在 0~1，该指数接近于 0，表明不存在空间相关性，大于 0 表示空间正相关，小于 0 表示空间负相关（袁冬梅等，2012）。Geary 指数取值在 0~2，指数等于 1 表示不存在空间相关性，指数在 0~1 表示空间正相关，指数在 1~2 表示空间负相关（严雅雪和齐绍洲，2017），空间自相关检验如表 7-2 所示。

表 7-2　Moran 指数和 Geary 指数

变量	Moran 指数				Geary 指数			
	I 指数	E（I）	Z	P	C 指数	E（C）	Z	P
dvar	0.582	−0.041	1.459	0.037	0.583	1.000	−0.438	0.078
divl	0.035	−0.041	1.380	0.002	0.363	1.000	1.032	0.008
divj	0.028	−0.041	0.527	0.041	0.627	1.000	−0.562	0.000
Divc	0.167	−0.042	1.339	0.390	0.820	1.000	1.033	0.425
tfp	0.226	−0.042	1.087	0.001	0.117	1.000	1.380	0.016
inn	0.198	−0.042	0.783	0.008	0.167	1.000	−0.127	0.078
rat	0.223	−0.042	0.893	0.120	0.045	1.000	−0.239	0.123
adv	0.281	−0.042	1.271	0.013	0.627	1.000	−0.251	0.007
cm	0.203	−0.042	1.672	0.007	0.390	1.000	1.037	0.008

续表

变量	Moran 指数				Geary 指数			
	I 指数	E（I）	Z	P	C 指数	E（C）	Z	P
lm	0.401	−0.042	1.829	0.089	0.082	1.000	1.208	0.405
fdi	0.416	−0.042	0.557	0.001	0.330	1.000	−0.401	0.000
lear	0.179	−0.041	0.740	0.000	0.418	1.000	−0.335	0.003
prof	0.225	−0.041	1.308	0.114	0.390	1.000	−0.280	0.241
mark	0.318	−0.041	1.022	0.036	0.529	1.000	−0.412	0.029

可以看出，出口国内附加值的 Z 值拒绝不存在空间相关性的原假设，并且 Moran 指数值在 0~1，Geary 指数值也在 0~1，说明出口国内附加值通过了 Moran 指数和 Geary 指数检验，存在空间自相关性。由零部件分工和加工品分工的 Moran 指数和 Geary 指数检验结果可知，零部件分工、加工品分工都通过了 Moran 指数和 Geary 指数检验，并且都为正向，说明存在空间自相关性，而初级品分工则没有通过自相关检验，说明不存在空间相关性。在中介变量中，TFP、技术创新、产业结构高级化、资本配置的 Moran I 指数和 Geary C 指数检验均拒绝原假设，说明这些中介变量存在自相关性，并且指数均为正向空间相关，而产业结构合理化、劳动力配置的 Moran I 指数和 Geary C 指数没有通过显著性检验，不存在空间相关性。在控制变量中，干中学、产业集中度通过显著性检验，存在空间相关性，而企业利润则没有通过空间相关性检验。

7.1.3 生产分工对中介变量的影响检验

在采用计量模型检验中介变量的作用机制之前，为了保证估计结果的稳健性，需要首先对面板数据进行多重共线性检验，检验结果如表 7-3 所示。从方差膨胀因子来看，每个变量的 VIF 均小于 10，表明模型中的各个变量序列之间不存在多重共线性问题。

表 7-3   多重共线性检验

变量	*divl*	*divj*	*divc*	*dvar*	*tfp*	*inn*	*rat*
VIF	2.376	1.248	1.117	1.245	2.256	1.429	1.430

变量	adv	cm	lm	fdi	lear	prof	mark
VIF	0.490	0.713	0.772	0.443	0.789	0.670	0.251

7.1.3.1　中介变量：TFP

将 TFP 作为被解释变量，零部件分工、加工品分工、初级品分工作为核心解释变量，采用空间杜宾模型对 TFP 进行实证检验，结果如表7-4所示。

表7-4　生产分工对 TFP 的影响检验

变量	零部件	加工品	初级品
	（1）	（2）	（3）
divl	1.243*** （7.18）		
divj		0.783** （2.26）	
divc			0.698** （1.99）
W_divl	0.372*** （3.11）		
W_divj		0.119** （2.13）	
W_divc			0.023* （1.76）
θ	0.682*** （4.10）	0.230** （2.04）	0.315*** （3.11）
R²	0.267	0.231	0.308
obs	8103	11251	6261

注：*、**、***分别表示在10%、5%、1%的水平上显著。

从表7-4可以看出，第（1）、第（2）、第（3）列分别为零部件分工、加工品分工和初级品分工对 TFP 的影响结果，三列的估计系数均显著为正，说明零部件分工、加工品分工和初级品分工都可以提升地区的 TFP。本书认为，生产分工能够加强企业之间的资源融合，使处于不同生产阶段的企业能够各自获取其所需求的异质性资源，从而促进全要素生产率的提升。在第（1）、第（2）、第（3）列中，空间正相关系数 θ 均通过了显著性检验，说明 TFP 具有空间自回归效应，也即相邻地区间的 TFP 存在空间溢出效应，一个地区周围省份的 TFP 水平越高，则本地区的 TFP 水平也就越高，也即 TFP 存在高水平的空间溢出。W_divl、W_divj、W_divc 的估计系数均显著为正，说明一个地区周围省份的分工水平越高，对本地区的 TFP 促进影响越大，表明零部件分工、加工品分工、初级品分工不仅会促进本地区的 TFP 提升，也会对邻省的 TFP 提升产生促进作用。

7.1.3.2　中介变量：技术创新

技术创新作为被解释变量，考察零部件分工、加工品分工、初级品分工对技术创新的影响，采用空间杜宾模型的估计结果如表 7-5 所示。

表 7-5　生产分工对技术创新的影响

变量	零部件	加工品	初级品
	（1）	（2）	（3）
$divl$	5.701*** （4.22）		
$divj$		2.110** （2.11）	
$divc$			0.431* （1.72）
W_divl	2.409*** （6.17）		
W_divj		0.248*** （5.56）	
W_divc			0.010 （0.62）
θ	0.717*** （4.34）	0.248** （2.19）	0.266*** （3.16）
R^2	0.200	0.343	0.418
obs	8103	11251	6261

表 7-5 第（1）、第（2）、第（3）列分别为零部件分工、加工品分工、初级品分工对技术创新的影响，从中可以看出，三列系数均显著为正，说明三类分工均可以促进地区的技术创新，这里可以这样解释，生产分工促进了上下游企业之间的密切联系，通过分工协作实现了企业之间的技术学习和交流，从而带动了技

术传播与扩散，实现了技术创新。在表 7-5 中，空间正相关系数 θ 均通过了显著性检验，说明技术创新具有空间自回归效应，也即一个地区周围省份的技术创新具有正向的空间溢出效应，周围省份的技术创新对本省份的技术创新具有明显的促进作用。零部件分工和加工品分工的空间滞后项 W_divl、W_divj 均显著为正，说明周围省份的零部件分工和加工品分工也会对本省份的技术创新产生推动作用，但初级品分工的空间滞后项 W_divc 不显著，意味着周围省份的初级品分工对本省份的技术创新不会产生正向影响作用。因此，初级品分工不存在空间溢出效应。

7.1.3.3 中介变量：产业结构合理化与高级化

产业结构合理化与高级化作为被解释变量，考察零部件分工、加工品分工、初级品分工对产业结构合理化与高级化的影响，采用空间杜宾模型的估计结果如表 7-6 所示。

表 7-6 生产分工对产业结构合理化与高级化的影响

变量	Ⅰ零部件		Ⅱ加工品		Ⅲ初级品	
	合理化	高级化	合理化	高级化	合理化	高级化
	（1）	（2）	（3）	（4）	（5）	（6）
$divl$	1.425 （0.81）	4.114 *** （8.19）				
$divj$			0.667 *** （5.17）	0.304 （1.10）		
$divc$					0.245 *** （4.03）	0.289 （0.77）
W_divl	0.804 （0.99）	1.253 ** （2.09）				
W_divj			0.351 ** （2.11）	0.030 （0.79）		
W_divc					0.044 ** （1.99）	0.105 （1.03）
θ	0.400 *** （3.82）	0.027 *** （4.47）	0.047 ** （2.19）	0.049 *** （3.10）	0.171 *** （3.05）	0.183 *** （5.06）
R^2	0.215	0.302	0.308	0.280	0.422	0.306
obs	8103	8103	11251	11251	6261	6261

表7-6第（1）、第（3）、第（5）列分别为零部件分工、加工品分工、初级品分工对产业结构合理化的影响，第（2）、第（4）、第（6）列分别为零部件分工、加工品分工、初级品分工对产业结构高级化的影响，从估计系数中可以看出，零部件分工对产业结构高级化具有明显推动作用，但对产业结构合理化影响不明显，加工品分工和初级品分工显著促进了产业结构的合理化，但对产业结构高级化的影响不显著。由此说明由于零部件分工具有较强的技术溢出效应，因此其更有利于推动地区的产业结构高级化，加工品分工和初级品分工具有更为突出的规模经济效应，因此其更有助于实现地区的产业结构合理化发展。在第（1）~第（6）列中，空间正相关系数 θ 均显著为正，通过了显著性检验，说明产业结构合理化与高级化具有明显的空间外溢效应，也即周围省份的产业结构合理化和高级化均对本省份有正面影响。零部件分工的空间滞后项 W_divl 对产业结构高级化的影响显著为正，但对产业结构合理化不会产生明显影响，说明周围省份的零部件分工会促进本省份的产业结构向高级化方向发展，而不会产生合理化发展，也即邻近省份的零部件分工存在对产业结构高级化的空间溢出。加工品分工和初级品分工的空间滞后项 W_divj 与 W_divc 对产业结构合理化的影响显著为正，但对产业结构高级化的影响系数不显著，说明周围省份的加工品分工和初级品分工会促使本省份的产业结构向合理化的方向发展，而不会向高级化方向发展，也即邻近省份的加工品分工和初级品分工存在对产业结构合理化的空间溢出。

7.1.3.4　中介变量：资源配置

资源配置包括资本错配和劳动力错配，这里把资本错配和劳动力错配作为被解释变量，考察零部件分工、加工品分工、初级品分工对资本错配和劳动力错配的影响，采用空间杜宾模型的估计结果如表7-7所示。

表7-7　生产分工对资本错配和劳动力错配的影响

变量	Ⅰ零部件		Ⅱ加工品		Ⅲ初级品	
	资本错配	劳动力错配	资本错配	劳动力错配	资本错配	劳动力错配
	（1）	（2）	（3）	（4）	（5）	（6）
divl	-2.387***	-1.783				
	(-4.16)	(-1.17)				
divj			-0.428	-0.925***		
			(-1.03)	(-5.24)		

续表

变量	Ⅰ零部件		Ⅱ加工品		Ⅲ初级品	
	资本错配	劳动力错配	资本错配	劳动力错配	资本错配	劳动力错配
	（1）	（2）	（3）	（4）	（5）	（6）
divc					0.778 （0.42）	-1.376*** （-5.19）
W_divl	-4.226*** （-9.82）	-0.467 （-0.33）				
W_divj			-0.026 （-0.85）	-0.527 （-1.31）		
W_divc					-0.358 （-1.13）	-2.304 （-0.17）
θ	0.135** （1.99）	0.162*** （5.61）	0.315*** （5.26）	0.228*** （4.52）	0.286*** （3.69）	0.440*** （2.88）
R²	0.312	0.426	0.447	0.516	0.631	0.560
obs	8103	8103	11251	11251	6261	6261

注：*、**、***分别表示在10%、5%、1%的水平上显著。

  表7-7第（1）、第（3）、第（5）列分别为零部件分工、加工品分工、初级品分工对资本错配的影响，第（2）、第（4）、第（6）列分别为零部件分工、加工品分工、初级品分工对劳动力错配的影响，从估计系数中可以看出，零部件分工显著抑制了资本错配，但对劳动力错配的抑制影响不明显，加工品分工和初级品分工显著抑制了劳动力错配，但对资本错配产生的影响不显著。这里的原因解释是，由于零部件分工具有较多的先进技术和研发资本要素，因此，零部件分工受政府行政干预的程度较小，零部件分工在市场机制的主导下，所产生的中间品知识溢出和学习竞争效应都对资本错配起到改善作用。同时，零部件分工由于具有较高的技术门槛，大多集中在一线城市，所以形成了在一线城市的劳动力需求，但由于劳动力跨区域流动和在大城市落户受到限制，因而进一步加剧了劳动力短缺和劳动力价格攀升，从而加剧了劳动力错配。企业参与加工品分工和初级品分工并非企业自发行为，企业为了寻求和享受政策优惠，在特定区域进行投资设厂，不符合市场规律的投资非但无法提升资本配置效率，反而可能会加剧资本错配，企业生产规模的扩大不仅提升了劳动力需求，而且提高了劳动力的匹配度，因而提升了劳动力的配置效率，减少了劳动力错配。

在第（1）~第（6）列中，空间自相关系数 θ 均显著为正，通过了显著性检验，说明资本错配和劳动力错配具有明显的空间外溢效应，也即周围省份的资本错配和劳动力错配均对本省份的资源配置产生影响作用。零部件分工的空间滞后项 W_divl 对资本错配的影响显著为负，但对劳动力错配不产生明显影响，说明周围省份的零部件分工会抑制本省份的资本错配，而不会抑制本省的劳动力错配，也即邻近省份的零部件分工存在对资本配置的空间溢出。加工品分工和初级品分工的空间滞后项 W_divj 与 W_divc 对劳动力错配和资本错配的影响系数都不显著，说明周围省份的加工品分工和初级品分工不会抑制本省的劳动力错配和资本错配，也即邻近省份的加工品分工和初级品分工不存在对资源配置的空间溢出。

7.1.3.5　中介变量：FDI

FDI 作为被解释变量，考察零部件分工、加工品分工、初级品分工对 FDI 的影响，采用空间杜宾模型的估计结果如表 7-8 所示。

表 7-8　生产分工对 FDI 的影响

变量	零部件	加工品	初级品
	（1）	（2）	（3）
$divl$	0.478 (1.62)		
$divj$		2.466*** (5.07)	
$divc$			1.220*** (3.31)
W_divl	3.177 (0.59)		
W_divj		0.503 (1.41)	
W_divc			0.632 (0.58)
θ	0.519*** (4.14)	0.616** (2.15)	0.710*** (3.44)
R^2	0.251	0.301	0.347
obs	8103	11251	6261

表7-8第（1）、第（2）、第（3）列分别为零部件分工、加工品分工、初级品分工对FDI的影响，从中可以看出，加工品分工、初级品分工的影响系数显著为正，零部件分工对FDI的影响不显著，说明加工品分工和初级品分工均可以促进地区的FDI提升，而零部件分工则无法提升FDI。其中的原因可以这样解释，我国企业参与加工品分工和初级品分工主要是因为外资企业为了利用中国的劳动力优势和资源禀赋优势，把劳动密集型行业和资源密集型行业的生产环节转移到中国，因此加工品分工和初级品分工的提升与外资规模的扩大密不可分。然而，零部件分工由于具有较多的知识产权和专利资本，处于高端价值链位置的跨国公司不会轻易把资本技术密集型行业的生产环节转移到中国，因此零部件分工不会引起高端价值链位置的FDI增加。

在表7-8中，空间正相关系数 θ 均通过了显著性检验，说明FDI具有空间自回归效应，也即一个地区周围省份的FDI具有正向的空间溢出效应，周围省份的FDI对本省的FDI提升具有明显的促进作用。零部件分工、加工品分工、初级品分工的空间滞后项 W_divl、W_divj 与 W_divc 均不显著，说明周围省份的零部件分工、加工品分工、初级品分工对本省的FDI提升不会产生推动作用，也即生产分工对FDI的提升不存在空间溢出效应。

7.1.4 各个中介变量对出口国内附加值的影响检验

要验证中介变量是否对生产分工对出口国内附加值的影响产生传导作用，不仅要验证生产分工对中介变量的影响，还要验证中介变量对出口国内附加值的影响作用，两个阶段合在一起才是一个完整的作用机制链条。中介变量对出口国内附加值的影响检验，采用空间自回归模型，回归结果如表7-9所示。

表7-9 中介变量对出口国内附加值的影响检验

变量	(1)	(2)	(3)	(4)	(5)	(6)	(7)
tfp	5.117*** (8.19)						
inn		8.222*** (4.10)					
adv			4.105*** (3.08)				

变量	（1）	（2）	（3）	（4）	（5）	（6）	（7）
rat				3.087*** （2.89）			
cm					−1.903** （−2.27）		
lm						−0.894*** （−3.45）	
fdi							0.724 （0.56）
θ	0.356*** （4.27）	0.527*** （5.16）	0.410** （2.27）	0.382*** （4.89）	0.415*** （5.11）	0.382*** （5.08）	0.374*** （3.89）
R^2	0.267	0.310	0.316	0.406	0.493	0.392	0.410
obs	31879	31879	31879	31879	31879	31879	31879

在表7-9中，第（1）~第（7）列的核心解释变量分别是 TFP、技术创新、产业结构高级化、产业结构合理化、资本错配、劳动力错配、FDI，被解释变量为出口国内附加值，从回归结果可以看出：

（1）TFP 和技术创新。TFP 和技术创新对出口国内附加值的影响显著为正，估计系数分别为 5.117 和 8.222，说明 TFP 和技术创新对出口国内附加值具有显著的促进作用。TFP 和技术创新能够明显改善企业的生产工艺，降低生产成本，提升出口国内附加值。

（2）产业结构优化。产业结构高级化和产业结构合理化对出口国内附加值影响显著为正，估计系数分别为 4.105 和 3.087，说明产业结构高级化和产业结构合理化都能够显著促进出口国内附加值的提升。原因在于：产业结构合理化程度越高，说明产业间的协调程度越高，区域间的要素投入和产出结构耦合度越好，故要素资源的扭曲程度越低，越有助于促进出口国内附加值的提升。产业结构高级化程度越高，说明经济结构的信息技术能力越强，如通过发展高端信息技术服务，可以提升资源的精细化利用程度，降低单位产出的资源投入，提升企业的出口国内附加值。

（3）资源配置能力。资本错配和劳动力错配对出口国内附加值的影响系数分别为−1.903 和−0.894，说明降低资本错配和劳动力错配都对出口国内附加值提升具有促进作用。原因在于：要素市场扭曲引发的资源配置扭曲会对生产效率产生负面影响，资本市场配置和劳动力市场配置的人为扭曲可能会促进企业采取粗放式的生产，加大企业的低成本要素投入，不合理地产生过多对资源的消耗，继而导致效率损失，最终抑制了出口国内附加值的提升。

（4）FDI。FDI对出口国内附加值的影响系数为0.724，但没有通过显著性检验。FDI对企业生产率和出口国内附加值是否能够起到促进作用，这要根据FDI的性质进行判断。例如，顾永红和胡汉辉（2007）认为，如果东道国与投资母国的技术差距过大，FDI就不会促进东道国的生产率提升。蒋殿春和王春宇（2020）指出，不同的外商投资动机对东道国的产业发展影响不同。唐东波（2012）认为，港澳台投资反而降低了国内企业的技术进步。因此，以攫取我国广阔资源和廉价劳动力为动机的FDI对促进企业出口国内附加值提升所产生的影响作用较小。

在表7-9中，空间正相关系数 θ 均通过了显著性检验，说明出口国内附加值具有空间自回归效应，也即邻近省份的出口国内附加值水平越高，对本省的出口国内附加值提升越明显，表明邻近省份的出口国内附加值具有正向的空间溢出效应。

结合表7-4、表7-5和表7-9可以得出，零部件分工、加工品分工、初级品分工均可以通过TFP和技术创新对出口国内附加值产生促进作用。结合表7-6和表7-9可以得出，零部件分工通过产业结构高级化对出口国内附加值产生促进作用，加工品分工和初级品分工通过产业结构合理化对出口国内附加值产生促进作用。结合表7-7和表7-9可以得出，零部件分工通过降低资本错配对出口国内附加值产生促进作用，加工品分工和初级品分工通过降低劳动力错配对出口国内附加值产生促进作用。结合表7-8和表7-9可以得出，零部件分工、加工品分工、初级品分工无法通过FDI对出口国内附加值产生促进作用。

总之，零部件分工、加工品分工、初级品分工促进出口国内附加值提升的作用机制并不一致，共同的中介机制是TFP和技术创新。其中，零部件分工促进出口国内附加值提升的机制包括TFP、技术创新、产业结构高级化、资本配置。加工品分工和初级品分工促进出口国内附加值提升的机制包括TFP、技术创新、产业结构合理化、劳动力配置。

7.2 拓展分析

前面的所有分析表明生产分工有助于提升出口国内附加值，但这一分析并没有考虑贸易自由化的作用，加入 WTO 以来，我国企业获得了一个较为稳定和开放的贸易环境，贸易自由化水平不断提升，那么生产分工对出口国内附加值的提升是否会因为贸易自由化程度的不同而存在差异？本部分内容将把贸易自由化与生产分工的交互项引入基准模型中，考察 33 个行业层面的贸易自由化对生产分工提升出口国内附加值的影响，本部分采用如下模型：

$$DVAR_{it} = \beta_0 + \beta_1 div_{it} + \beta_2 lib_{it} + \beta_3 div_{it} \times lib_{it} + \beta_x X_{it} + \mu_i + \varepsilon_{it} \quad (7\text{-}7)$$

式中，lib_{it} 表示贸易自由化，$div_{it} \times lib_{it}$ 表示生产分工与贸易自由化的交互项，是我们重点关注的核心解释变量，由于 lib_{it} 的取值为负，所以如果其估计系数小于 0 并且显著，说明贸易自由化越高的行业，生产分工对出口国内附加值的提升作用越强。$DVAR_{it}$ 表示出口国内附加值，div_{it} 表示生产分工，X_{it} 表示一系列的控制变量，包括企业利润、产业集中度、干中学。μ_i 表示各种固定效应，ε_{it} 表示随机扰动项。各个变量的描述及数据来源见 4.1 节介绍，依据 Pierce 和 Schott（2016）的做法，这里只介绍贸易自由化变量的测度方法。

$$lib_{it} = Tariff_h^{20} - Tariff_h^{02} \quad (7\text{-}8)$$

式中，$Tariff_h^{20}$ 和 $Tariff_h^{02}$ 分别表示 2020 年和 2002 年产品 h 的关税税率，将其加总到四位码行业层面，关税数据来自 WTO 的 $Tariff$ 数据库。由于大部分商品的关税是在下降的，因此 lib_{it} 的取值为负，也即其值越小，行业的贸易自由化程度越高。此外，我们在稳健性分析中，借鉴李胜旗和毛其淋（2017）的做法，采用行业的外商投资占固定投资的比重来测度贸易自由化指标，该比值越大，说明行业的贸易自由化程度越高。

7.2.1 调节分析

依据式（7-7）对行业层面的面板数据进行估计，结果如表 7-10 所示，从中可以看出，无论是对零部件分工、加工品分工还是初级品分工来说，贸易自由化对企业出口国内附加值均具有显著的负向促进作用，估计系数分别为

-0.027、-0.014、-0.008，与预期一致，交互项零部件分工×自由化、加工品分工×自由化、初级品分工×自由化的估计系数均显著为负，系数分别为-2.159、-0.337、-0.029，表明在贸易自由化程度高的行业，生产分工对出口国内附加值的促进影响大。并且，零部件分工的影响最大，加工品分工的影响次之，初级品分工的影响最小。其原因在于：不同行业之间的贸易壁垒差别较大，贸易自由化可以通过减少行业之间的进出口壁垒，促进企业提高生产效率，进而促进出口国内附加值提升。

表 7-10　贸易自由化调节估计

变量	零部件	加工品	初级品
	（1）	（2）	（3）
lib	-0.027***	-0.014***	-0.008*
	(-3.16)	(-5.23)	(-1.77)
divl	3.285***		
	(7.10)		
divj		4.353**	
		(2.00)	
divc			1.020*
			(1.78)
divl×lib	-2.159***		
	(-5.02)		
divj×lib		-0.337***	
		(-6.14)	
divc×lib			-0.029**
			(-2.15)
控制变量	是	是	是
固定效应	控制	控制	控制
F	130.22	102.71	80.73
R^2	0.356	0.390	0.223
obs	8103	11251	6261

此外，针对不同贸易自由化的行业，生产分工对出口国内附加值提升的影响可能是非线性的，因此，在式（7-7）的基础上，借鉴刘维林（2021）的做法，进一步加入贸易自由化四分位数虚拟变量的交互项，得到如下公式：

$$DVAR_{it} = \beta_0 + \beta_1 div_{it} + \beta_2 lib_{it} + \beta_3 \sum_d div_{it} \times rank_d + \beta_x X_{it} + \mu_i + \varepsilon_{it} \quad (7\text{-}9)$$

式中，$rank_d$ 表示衡量贸易自由化等级的虚拟变量，$rank_1$、$rank_2$、$rank_3$、$rank_4$ 表示在 0~25%、25%~50%、50%~75%、75%~100% 的贸易自由化等级变量，为了避免多重共线性问题，在回归估计中，不再单独估计 $rank_d$ 的系数。$div_{it} \times rank_d$ 表示生产分工与贸易自由化等级的交互项，是重点关注的核心解释变量，如果其系数显著为负，说明贸易自由化程度越高的行业，生产分工对出口国内附加值的提升作用越强。其他变量的含义与上文一致，各个变量的描述及数据来源与前文相同。

表 7-11   不同分位数贸易自由化的估计

变量	零部件	加工品	初级品
	（1）	（2）	（3）
div	3.278***	1.087**	0.023**
	（4.19）	（2.17）	（1.99）
$divl \times rank_1$	−0.566***		
	（−3.14）		
$divl \times rank_2$	−2.418***		
	（−4.09）		
$divl \times rank_3$	−3.783***		
	（−5.16）		
$divl \times rank_4$	−5.227***		
	（−8.10）		
$divj \times rank_1$		−0.021**	
		（−2.10）	
$divj \times rank_2$		−0.224***	
		（−5.15）	
$divj \times rank_3$		−1.606***	
		（−4.46）	
$divj \times rank_4$		−2.278***	
		（−5.72）	
$divc \times rank_1$			−0.013
			（−1.11）
$divc \times rank_2$			−0.074
			（−0.90）

续表

变量	零部件	加工品	初级品
	（1）	（2）	（3）
$divc \times rank_3$			-0.485 **
			（-2.19）
$divc \times rank_4$			-1.172 ***
			（-5.14）
控制变量	是	是	是
固定效应	控制	控制	控制
F	58.30	40.02	67.13
R^2	0.156	0.254	0.187
obs	8103	11251	6261

从表 7-11 可以看出，对于零部件、加工品、初级品来说，大部分的生产分工与贸易自由化的交互项显著为负。然而，对于贸易自由化程度处于 50% 分位数以下的企业，生产分工对出口国内附加值的提升影响较为有限；随着贸易自由化程度的逐步提高，生产分工对出口国内附加值的提升影响在逐步增大，贸易自由化程度超过 50% 以后，生产分工对出口国内附加值的提升影响非常明显；贸易自由化程度超过 75% 以后，生产分工对出口国内附加值的提升影响最为突出，具体表现为估计系数成倍增长。由此说明贸易自由化是生产分工影响出口国内附加值的重要阈值变量，当贸易自由化超过某个范围阈值以后，生产分工对出口国内附加值的正向促进作用会得到非常明显的发挥。

同时，考虑到基本实证结果的稳健性，我们对回归估计进行稳健性检验，主要是替换贸易自由化变量，采用行业的外商投资占固定投资的比重来测度贸易自由化，估计结果如表 7-12 所示，从回归结果看，都不影响贸易自由化对生产分工提升出口国内附加值产生调节作用的基本结论。

表 7-12 替换贸易自由化变量的稳健性分析

变量	零部件	加工品	初级品
	（1）	（2）	（3）
lib_th	0.425 ***	0.218 ***	0.035 *
	（7.12）	（3.20）	（1.89）

变量	零部件	加工品	初级品
	（1）	（2）	（3）
$divl$	4.008***		
	(6.03)		
$divj$		3.124**	
		(2.02)	
$divc$			3.011*
			(1.75)
$divl×lib\_th$	5.035***		
	(7.97)		
$divj×lib\_th$		2.048***	
		(6.39)	
$divc×lib\_th$			1.456**
			(1.99)
控制变量	是	是	是
固定效应	控制	控制	控制
F	150.67	187.46	189.52
R^2	0.312	0.368	0.253
obs	8103	11251	6261

7.2.2 强化分析

本书进一步探讨贸易自由化对中介变量 TFP、技术创新、产业结构优化、资源配置的强化作用，采用与前面类似的两步回归法，第一步和第二步的回归方程设定为：

$$M_{it} = \alpha_0 + \alpha_1 div_{it} + \alpha_2 lib_{it} + \alpha_3 div_{it}×lib_{it} + \alpha_x X_{it} + \mu_i + \varepsilon_{it} \quad (7-10)$$

$$DVAR_{it} = \alpha_0 + \alpha_1 M_{it}^n + \alpha_x X_{it} + \mu_i + \varepsilon_{it} \quad (7-11)$$

式中，M_{it} 表示中介变量 TFP、技术创新、产业结构优化、资源配置，M_{it}^n 表示由第一步回归得到的 M_{it} 拟合值，$div_{it}×lib_{it}$ 表示生产分工与贸易自由化的交互项，是这里要重点关注的核心解释变量，由于贸易自由化为负值，故如果交互项估计系数显著为负，说明贸易自由化程度越高的行业，生产分工对中介变量的强化作用越强。其他变量的含义与上文一致。各个变量的描述及数据来源与前文相同。回归结果如表7-13所示。

表7-13 贸易自由化对 TFP 的强化作用

变量	Ⅰ零部件		Ⅱ加工品		Ⅲ初级品	
	TFP	dvar	TFP	dvar	TFP	dvar
	（1）	（2）	（3）	（4）	（5）	（6）
div	4.111*** (5.17)		3.208*** (4.16)		2.087** (2.16)	
lib	-0.276*** (-4.10)		-0.627*** (-4.11)		-0.382*** (-3.08)	
divl×lib	-5.028*** (-7.17)					
TFP 的拟合值		1.226*** (4.18)				
divj×lib			-3.287*** (-5.02)			
TFP 的拟合值				3.074*** (6.06)		
divc×lib					-1.208** (-1.99)	
TFP 的拟合值						2.795*** (4.14)
控制变量	是	是	是	是	是	是
固定效应	控制	控制	控制	控制	控制	控制
F	131.42	108.17	95.19	145.20	123.05	108.47
R²	0.467	0.370	0.353	0.414	0.367	0.308
obs	8103	8103	11251	11251	6261	6261

从表7-13中可以看出，零部件分工、加工品分工、初级品分工与贸易自由化交互项的系数均显著为负，估计系数分别为-5.028、-3.287、-1.208，由于贸易自由化为负值，故说明贸易自由化程度的提升可以促进行业生产投入品的流动，贸易自由化显著强化了零部件分工、加工品分工、初级品分工对企业 TFP 的促进作用。TFP 的拟合值对企业出口国内附加值的影响系数分别为1.226、3.074、2.795，表明 TFP 的拟合值对企业出口国内附加值产生了显著的正向影响，表明贸易自由化强化了生产分工通过 TFP 的中介渠道对出口国内附加值的提升作用。由此说明贸易自由化会间接强化企业的 TFP，继而对出口国内附加值产生影响。

能力以及学习阶段，在保持进步的同时，找准自身的定位，摒弃不切实际的追求和过高的要求，并适当降低期待，以缓解工作压力。面对工作中不同类型的压力，教师要有正确的认识，压力可以转化为使人前进的动力，在压力中要认识到自身存在的不足之处，并确定正确的努力方向，有针对性地改善自身的不足。

一方面，教师工作能力的提升有助于缓解工作带来的压力。因此，为了缓解工作压力，教师可从提高自身工作效率入手。第一，教师需要做好时间管理，找到高效工作的时间段，为每项工作限定合理的完成时间，细分工作目标，并在不同时间段完成。第二，教师要善于优化办公环境，如定期打扫办公桌、养绿植，发挥环境对工作的促进作用。第三，养成不拖沓、不糊弄的工作习惯，认真对待每项工作，及时归纳整理已完成的工作。第四，长时间工作容易使精神处于紧绷状态，教师可以学习一些有助于自我放松的方法，如冥想、唱歌、自我心理疏导，使精神放松。

三、继续教育的自我完善

全能型的人才是当今社会和企业都急需的。教师属于知识型职业者，特别是处于初级工作阶段的青年教师，要想成为全能型人才，不仅需要强化自身专业的能力，还要加强对其他领域知识的学习。在工作中，教师应该及时总结经验，树立终身学习理念，学通、学精自身业务知识，不断提升自身职业能力，提高自身的竞争力，由此就能在考核评估、职称评测中应对自如。在知识更新周期日益缩短的时代，专业知识的更新显得尤为重要，学生要想成为有用之才，需要掌握先进的知识和思想。这需要教师在传授给学生知识的同时，不断扩充自己的知识储备库，提升自身的职业水平，通过不断继续教育学习，锻炼心性、陶冶情操。

良好的工作技能是教师实现继续教育的前提条件。教师工作技能的提升主要涉及教学与科研两个方面，在教学方面，教师可以积极参加相关的培训讲座，学习和了解全新的教学理念与方法，与其他教师分享职业心得体会，取长补短，从而提升自身的教学能力。同时，教师要善于反思，坚持写好工作日志，将工作中遇到的问题及时记录下来，建立并不断完善个人工作档案。

在科研方面，教师可以参与到学校、国家组织的科研组中，积极参加科研

·166·

变量	Ⅰ零部件		Ⅱ加工品		Ⅲ初级品	
	技术创新	dvar	技术创新	dvar	技术创新	dvar
	（1）	（2）	（3）	（4）	（5）	（6）
R^2	0.178	0.193	0.280	0.371	0.287	0.302
obs	8103	8103	11251	11251	6261	6261

注：*、**、***分别表示在10%、5%、1%的水平上显著。

贸易自由化及其与生产分工的交互项对中介变量产业结构高级化的影响，还有产业结构高级化的拟合值对企业出口国内附加值的影响估计结果如表7-15所示。可以看出，零部件分工与贸易自由化交互项的系数显著为负，估计系数为-3.072，加工品分工、初级品分工与贸易自由化的交互项系数均不显著。说明贸易自由化显著强化了零部件分工对产业结构高级化的促进作用，而对加工品分工和初级品分工却没有这种强化作用。产业结构高级化的拟合值对企业出口国内附加值的影响系数为5.387，表明产业结构高级化的拟合值对出口国内附加值产生了显著的正向影响，也表明贸易自由化强化了零部件分工通过产业结构高级化的中介渠道对企业出口国内附加值的提升作用。由此说明贸易自由化会间接强化零部件分工的产业结构高级化，继而对企业出口国内附加值产生影响。

表7-15　贸易自由化对产业结构高级化的强化作用

变量	Ⅰ零部件		Ⅱ加工品		Ⅲ初级品	
	高级化	dvar	高级化	dvar	高级化	dvar
	（1）	（2）	（3）	（4）	（5）	（6）
div	3.227***		4.198***		2.282***	
	(4.29)		(5.70)		(4.09)	
lib	-0.376***		-0.286***		-0.672***	
	(-5.16)		(-7.19)		(-3.07)	
divl×lib	-3.072***					
	(-6.10)					
高级化的拟合值		5.387***				
		(3.38)				
divj×lib			-3.286			
			(-1.11)			
高级化的拟合值				6.208**		
				(2.32)		

续表

变量	I 零部件		II 加工品		III 初级品	
	高级化	dvar	高级化	dvar	高级化	dvar
	(1)	(2)	(3)	(4)	(5)	(6)
divc×lib					−0.108 (−1.00)	
高级化的拟合值						2.311 (1.07)
控制变量	是	是	是	是	是	是
固定效应	控制	控制	控制	控制	控制	控制
F	104.27	85.14	72.39	91.08	130.28	96.17
R^2	0.278	0.249	0.310	0.299	0.201	0.315
obs	8103	8103	11251	11251	6261	6261

　　贸易自由化及其与生产分工的交互项对中介变量产业结构合理化的影响，还有产业结构合理化的拟合值对企业出口国内附加值的影响估计结果如表7-16所示。可以看出，零部件分工与贸易自由化交互项的估计系数不显著，加工品分工、初级品分工与贸易自由化交互项的估计系数均显著为负，估计系数分别为−4.083、−3.276，说明贸易自由化的提升可以促进加工品分工、初级品分工领域的产业结构布局更加合理，贸易自由化显著强化了加工品分工、初级品分工对产业结构合理化的促进作用。在加工品分工和初级品分工领域，产业结构合理化的拟合值对企业出口国内附加值的影响系数分别为2.002、1.201，表明产业结构合理化的拟合值对出口国内附加值产生了显著的正向影响，也表明贸易自由化强化了加工品分工、初级品分工通过产业结构合理化的中介渠道对出口国内附加值的提升作用。由此说明贸易自由化会间接促进加工品分工、初级品分工领域的产业结构布局更加合理，继而对出口国内附加值产生影响。

表 7-16　贸易自由化对产业结构合理化的强化作用

变量	I 零部件		II 加工品		III 初级品	
	合理化	dvar	合理化	dvar	合理化	dvar
	(1)	(2)	(3)	(4)	(5)	(6)
div	4.278*** (8.10)		5.287*** (8.11)		4.903*** (5.32)	

续表

变量	Ⅰ零部件		Ⅱ加工品		Ⅲ初级品	
	合理化	dvar	合理化	dvar	合理化	dvar
	（1）	（2）	（3）	（4）	（5）	（6）
lib	−0.283 *** （−3.17）		−0.118 *** （−8.30）		−0.319 *** （−4.21）	
divl×lib	−1.229 （−1.17）					
合理化的拟合值		4.287 （1.10）				
divj×lib			−4.083 *** （−5.16）			
合理化的拟合值				2.002 *** （3.00）		
divc×lib					−3.276 *** （−5.61）	
合理化的拟合值						1.201 *** （4.07）
控制变量	是	是	是	是	是	是
固定效应	控制	控制	控制	控制	控制	控制
F	130.28	89.47	110.32	95.27	103.20	127.33
R²	0.309	0.280	0.310	0.290	0.278	0.198
obs	8103	8103	11251	11251	6261	6261

贸易自由化及其与生产分工的交互项对中介变量资本错配的影响，还有资本错配的拟合值对企业出口国内附加值的影响估计结果如表7-17所示。可以看出，零部件分工与贸易自由化交互项的系数显著为正，估计系数为7.320，而加工品分工、初级品分工与贸易自由化交互项的估计系数不显著，由于贸易自由化为负值，故说明贸易自由化的提升可以降低资本错配，贸易自由化显著强化了零部件分工对资本配置的促进作用。资本错配的拟合值对企业出口国内附加值的影响系数为-3.208，表明在零部件分工领域，降低资本错配的拟合值对企业出口国内附加值产生了显著的促进影响，也表明贸易自由化强化了零部件分工通过降低资本错配的中介渠道对企业出口国内附加值的提升作用。由此说明贸易自由化会间接强化零部件分工领域的资本配置效率提升，继而对企业出口国内附加值产生影响。

表 7-17　贸易自由化对资本配置的强化作用

变量	Ⅰ 零部件		Ⅱ 加工品		Ⅲ 初级品	
	资本错配	dvar	资本错配	dvar	资本错配	dvar
	(1)	(2)	(3)	(4)	(5)	(6)
div	5.337***		4.298***		5.202***	
	(4.28)		(3.10)		(7.06)	
lib	−0.474**		−0.370***		−1.320***	
	(−2.10)		(−4.16)		(−3.73)	
divl×lib	7.320***					
	(9.17)					
资本错配的拟合值		−3.208***				
		(−9.03)				
divj×lib			2.304			
			(0.70)			
资本错配的拟合值				−0.383*		
				(−1.76)		
divc×lib					1.208	
					(1.01)	
资本错配的拟合值						−0.272*
						(−1.63)
控制变量	是	是	是	是	是	是
固定效应	控制	控制	控制	控制	控制	控制
F	102.36	94.37	80.34	110.23	90.22	104.25
R²	0.179	0.103	0.080	0.178	0.140	0.157
obs	8103	8103	11251	11251	6261	6261

　　贸易自由化及其与生产分工的交互项对中介变量劳动力配置的影响，还有劳动力错配的拟合值对企业出口国内附加值的影响估计结果如表 7-18 所示。可以看出，零部件分工与贸易自由化交互项的估计系数不显著，加工品分工、初级品分工与贸易自由化交互项的系数均显著为正，估计系数分别为 8.125 和 3.890，由于贸易自由化本身为负值，说明贸易自由化的提升可以降低劳动力错配，贸易自由化显著强化了加工品分工、初级品分工对劳动力配置的促进作用。劳动力错配的拟合值对企业出口国内附加值的影响系数分别为 −4.027 和 −2.804，表明在加工品分工、初级品分工领域，降低劳动力错配对企业出口国内附加值产生了显著的正向影响，也表

明贸易自由化强化了加工品分工、初级品分工通过劳动力配置的中介渠道对企业出口国内附加值的提升作用。这说明贸易自由化间接促进了加工品分工、初级品分工领域的劳动力配置效率提升，继而对企业出口国内附加值产生影响。

表 7-18　贸易自由化对劳动力配置的强化作用

变量	Ⅰ 零部件		Ⅱ 加工品		Ⅲ 初级品	
	劳动力错配	dvar	劳动力错配	dvar	劳动力错配	dvar
	（1）	（2）	（3）	（4）	（5）	（6）
div	7. 382*** (5. 20)		5. 308*** (3. 88)		3. 200*** (5. 01)	
lib	−0. 329*** (−3. 40)		−0. 410*** (−4. 37)		−0. 390*** (−2. 99)	
divl×lib	5. 102 (1. 36)					
劳动力配置的拟合值		−5. 331 (−0. 18)				
divj×lib			8. 125*** (5. 10)			
劳动力配置的拟合值				−4. 027*** (−3. 08)		
divc×lib					3. 890*** (6. 11)	
劳动力配置的拟合值						−2. 804*** (−4. 49)
控制变量	是	是	是	是	是	是
固定效应	控制	控制	控制	控制	控制	控制
F	84. 30	92. 01	75. 39	69. 14	96. 31	59. 08
R^2	0. 412	0. 290	0. 313	0. 380	0. 263	0. 402
obs	8103	8103	11251	11251	6261	6261

7.3　本章小结

本章分析了生产分工对出口国内附加值影响的作用机制，并基于贸易自由化考察了生产分工影响出口国内附加值的调节作用和强化作用。得出如下结论：

（1）零部件分工、加工品分工、初级品分工促进出口国内附加值提升的作用机制并不一致，共同的作用机制是 TFP 和技术创新。其中，零部件分工促进出口国内附加值提升的机制包括 TFP、技术创新、产业结构高级化、资本配置。也即零部件分工通过促进 TFP 提升和技术创新，以及实现产业结构高级化，不断改善资本配置，对我国企业的出口国内附加值产生推动作用。加工品分工和初级品分工促进出口国内附加值提升的机制包括 TFP、技术创新、产业结构合理化、劳动力配置。这说明加工品分工和初级品分工通过促进 TFP 提升和技术创新，以及实现产业结构合理化，不断改善劳动力配置，间接对我国企业的出口国内附加值产生积极影响。

（2）贸易自由化对生产分工提升出口国内附加值起到正向促进作用，在贸易自由化程度越高的行业，生产分工对出口国内附加值的促进影响越大，并且零部件分工的促进影响最大，加工品分工的促进影响次之，初级品分工的促进影响最小。从不同分位数贸易自由化的估计看，贸易自由化是生产分工影响出口国内附加值的重要阈值变量。在贸易自由化程度超过 50% 以后，生产分工对出口国内附加值的提升影响非常明显；在贸易自由化程度超过 75% 以后，生产分工对出口国内附加值的提升影响最为突出。从贸易自由化的强化作用来看，贸易自由化强化了零部件分工通过 TFP、技术创新、产业结构高级化、资本配置的中介渠道对出口国内附加值的提升作用，贸易自由化强化了加工品分工和初级品分工通过 TFP、技术创新、产业结构合理化、劳动力配置的中介渠道对出口国内附加值的提升作用，也即贸易自由化会间接强化生产分工企业的 TFP、技术创新、产业结构优化、资源配置的中介渠道，继而对出口国内附加值产生积极影响。

8 结论与政策建议

8.1 主要结论

在全球经济一体化和生产分散化的并行背景下,生产分工使得中国的产业结构获得了逐步调整和快速升级,对经济增速、技术水平、分工地位和出口国内附加值产生了重要的推动作用(龙飞扬和殷凤,2021)。几十年来,通过积极参与生产分工,中国不断融入以价值链为纽带的全球生产网络体系,利用生产分工转移加速提升了中国的出口国内附加值。与此同时,中国已经成为世界加工、装配和制造中心,从整体上看,中国的生产分工对提升出口国内附加值产生了积极贡献,但生产分工存在技术含量、生产环节、要素禀赋、不同地区、不同行业等许多方面的区别。因此,它们对出口国内附加值的影响也有很大差异,故我们从不同视角探讨生产分工对出口国内附加值的影响作用,这是本书的出发点。

本书首先从理论上厘清生产分工影响出口国内附加值的影响机理、制约因素和作用机制,其次选取 31 个省份和 33 个行业的制造业面板数据,分别采用固定效应估计、面板门槛效应估计、面板变系数模型、动态面板、空间计量模型等方法检验了零部件分工、加工品分工和初级品分工对出口国内附加值的影响,得出的主要结论如下:

(1)从生产分工对出口国内附加值的基本估计来看,零部件分工对出口国内附加值的提升较为明显,加工品分工的提升作用次之,而初级品分工对出口国内附加值的提升作用较弱。这主要是由于,与初级品分工相比,零部件分工具有较强的技术溢出效应,加工品分工的规模经济效应比较突出。异质性分析的研究结论表明,从不同技术密度视角看,高技术密度行业的零部件分工显著促进了出口国内附加值提升，中低技术密度行业的加工品分工和初级品分工显著提升了出口国内附加值。从不同企业规模角度看，大规模企业的零部件分工显著促进了出口国内附加值提升，中小规模企业的加工品分工和初级品分工显著提升了出口国内附加值。从贸易方式因素看，一般贸易企业的零部件分工显著促进了出口国内附加值提升，加工贸易企业的加工品分工和初级品分工显著提升了出口国内附加值。

（2）在不同的要素禀赋结构水平下，生产分工对出口国内附加值的影响表现出门槛效应特征。

1）对于零部件分工。在人力资本门槛条件下，当人力资本要素禀赋较弱时，人力资本对零部件分工提升出口国内附加值影响的强化作用较小，随着人力资本要素禀赋的增强，零部件分工提升出口国内附加值的影响得到了明显加强。在所有制结构门槛条件下，当民营资本占比较弱时，零部件分工提升出口国内附加值的作用更大，而随着民营资本占比的提高，零部件分工对出口国内附加值的提升作用会受到抑制。在金融规模门槛条件下，零部件分工对出口国内附加值的影响没有表现出门槛效应特征。在金融效率门槛条件下，当金融效率要素禀赋较弱时，金融效率对零部件分工提升出口国内附加值影响的加强作用较小，而随着金融效率要素禀赋的提高，零部件分工提升出口国内附加值的影响得到了显著强化。在制度服务门槛条件下，当制度服务要素禀赋较弱时，制度服务对零部件分工提升出口国内附加值的加强作用较小，随着制度服务要素禀赋的增强，零部件分工提升出口国内附加值的影响也得到了加强。

2）对于加工品分工。在人力资本门槛条件下，当人力资本要素禀赋较低时，能够引起加工品分工对出口国内附加值的影响得到加强，说明人力资本要素禀赋的提高，对加工品分工提升出口国内附加值的影响作用并不明显，也即加工品分工并不需要太高的人力资本要素禀赋支撑即可。在所有制结构门槛条件下，当民营资本占比较弱时，加工品分工对出口国内附加值的影响作用较小，随着民营资本占比的提高，加工品分工对出口国内附加值的提升作用得到强化。在金融规模门槛条件下，当金融规模要素禀赋较弱时，对加工品分工提升出口国内附加值的强化作用较小，随着金融规模要素禀赋的增强，加工品分工对出口国内附加值的提升影响得到加强。在金融效率门槛条件下，加工品分工对出口国内附加值的影响没有表现出门槛效应特征。在制度服务门槛条件下，当制度服务要素禀赋较弱时，对加工品分工提升出口国内附加值的加强作用较小，随着制度服务要素禀赋的增强，加工品分工对出口国内附加值的提升影响得到了加强。

3）对于初级品分工。在人力资本门槛条件下，当人力资本要素禀赋较低时，初级品分工对出口国内附加值提升的加强作用就很明显，而随着人力资本要素禀赋的提升，并没有明显引起初级品分工影响出口国内附加值的作用得到加强，也即在人力资本处于较低水平时，初级品分工对出口国内附加值的提升作用就可以实现。在所有制结构门槛条件下，当民营资本占比较弱时，初级品分工对出口国内附加值的影响作用较小，随着民营资本占比的提高，初级品分工对出口国内附加值的提升作用得到强化。在金融规模门槛条件下，当金融规模要素禀赋较弱时，对初级品分工提升出口国内附加值的强化作用较小，随着金融规模要素禀赋的增强，初级品分工对出口国内附加值的提升作用得到了加强。在金融效率门槛条件下，初级品分工对出口国内附加值的影响没有表现出门槛效应特征。在制度服务门槛条件下，当制度服务要素禀赋较弱时，对初级品分工提升出口国内附加值影响的加强作用较小，随着制度服务要素禀赋的增强，初级品分工对出口国内附加值的提升影响得到了加强。

（3）从区域层面看，东部地区的零部件分工、中部地区的加工品分工和西部地区的初级品分工显著提升了出口国内附加值，对于国际样本的分析表明，参与 OECD 国家的零部件分工显著促进了出口国内附加值提升，参与非 OECD 国家的加工品分工和初级品分工显著提升了出口国内附加值。

1）从各省样本的异质分析看：①对于零部件分工，北京、天津、辽宁、上海、江苏、浙江、福建、山东、广东、江西、湖北、四川、重庆 13 个省份的零部件分工对出口国内附加值提升有正向影响作用。②对于加工品分工，河北、辽宁、福建、广东、海南、山西、山东、安徽、江西、河南、湖南、湖北、四川、重庆、贵州、云南、陕西 17 个省份的加工品分工对出口国内附加值提升有正向影响作用。③对于初级品分工，河北、海南、黑龙江、安徽、江西、河南、湖南、四川、重庆、贵州、云南、陕西、广西、内蒙古、甘肃、青海、宁夏、新疆、西藏 19 个省份的初级品分工对出口国内附加值提升有正向影响作用。

2）从各省样本的波动效应看：①对于零部件分工，上海、浙江、广东的零部件分工对出口国内附加值影响的短期效应较为突出，也即这些省份的零部件分工在短期内对出口国内附加值有显著的促进作用。②对于加工品分工，福建、广东、河南、四川的加工品分工对出口国内附加值影响较大，说明这几个省份的短期效应较为突出。③对于初级品分工，吉林、黑龙江、安徽、内蒙古、宁夏的初级品分工对出口国内附加值影响较大，也即短期效应较为突出。

3）从各省样本的调节效应看：①对于零部件分工，北京、天津、河北、辽宁、上海、江苏、浙江、广东、山东、江西、四川、重庆、陕西、甘肃等省份，在零部件分工过程中，随着人力资本的持续投入，极大地促进了零部件分工对出口国内附加值的正向影响。天津、辽宁、江苏、浙江、福建、山东、广东、海南、吉林、江西、湖北、四川、重庆等省份，在零部件分工过程中，随着制度服务的不断完善，显著促进了零部件分工对出口国内附加值的提升作用。②对于加工品分工，河北、辽宁、浙江、海南、山西、黑龙江、广西等省份，在加工品分工过程中，随着人力资本的持续投入，极大地促进了加工品分工对出口国内附加值的正向影响。天津、河北、福建、山东、广东、海南、山西、安徽、江西、河南、湖南、湖北、四川、重庆、贵州、云南、陕西、青海、宁夏等省份，在加工品分工过程中，随着制度服务的不断完善，极大地促进了加工品分工对出口国内附加值的提升作用。③对于初级品分工，海南、吉林、黑龙江、河南、内蒙古、四川、云南、甘肃、青海、宁夏、新疆、西藏等省份，在初级品分工过程中，随着人力资本的持续投入，较大地促进了初级品分工对出口国内附加值的正向影响。河北、山东、海南、吉林、黑龙江、安徽、江西、河南、湖南、内蒙古、广西、四川、重庆、贵州、云南、甘肃、青海、宁夏、新疆、西藏等省份，在初级品分工过程中，随着制度服务的不断完善，较大地促进了初级品分工对出口国内附加值的提升作用。

（4）从行业层面看，资本密集型行业的零部件分工显著促进了出口国内附加值提升，劳动密集型行业的加工品分工和资源密集型行业的初级品分工显著提升了出口国内附加值。对于不同所有制样本的分析表明，国有企业的零部件分工显著促进了出口国内附加值提升，非国有企业的加工品分工和初级品分工显著提升了出口国内附加值。

1）从各行业样本的异质分析来看：①对于零部件分工，有 19 个行业的零部件分工对出口国内附加值提升有正向影响作用，其中，正向效应较高的行业有：专用设备制造业、交通运输设备制造业、电气机械及器材制造业、电子及通信计算机设备制造业、仪器仪表及文化办公用机械制造业。②对于加工品分工，有

24 个行业的加工品分工对出口国内附加值提升有正向影响作用。其中，正向效应较高的行业有：农副食品加工业、食品制造业、饮料制造业、纺织业、服装及其他纤维制品制造业、皮革毛皮羽毛及其制造业、木材加工及竹藤棕草制品业、文教体育用品制造业、橡胶制品业。③对于初级品分工，有 17 个行业的初级品分工对出口国内附加值提升有正向影响作用。这种正向效应较高的行业有：煤炭采选业、石油和天然气开采业、黑色金属矿采选业、有色金属矿采选业、非金属矿采选业、农副食品加工业、石油加工及炼焦业、黑色金属冶炼及压延加工业、有色金属冶炼及压延加工业。

2）从各行业样本的波动效应来看：①对于零部件分工，通用设备制造业、交通运输设备制造业、电气机械及器材制造业、电子及通信计算机设备制造业等，这几个行业的零部件分工对出口国内附加值的短期效应较为突出。②对于加工品分工，饮料制造业、纺织业、皮革毛皮羽毛及其制造业、印刷业、记录媒介的复制、文教体育用品制造业等行业，这些行业的加工品分工对出口国内附加值的短期效应较为突出。③对于初级品分工，煤炭采选业、石油和天然气开采业、黑色金属矿采选业、有色金属矿采选业、黑色金属冶炼及压延加工业、有色金属冶炼及压延加工业等行业，这几个行业的初级品分工对出口国内附加值的短期效应较为突出。

3）从各行业样本的调节效应来看：①对于零部件分工，资产专用性提升对零部件优势行业的零部件分工促进出口国内附加值影响的调节作用更好，民营资本占比提升对零部件优势行业的零部件分工促进出口国内附加值影响的调节作用并不突出。②对于加工品分工，资产专用性提升对加工品优势行业的加工品分工促进出口国内附加值影响的调节作用并不突出，民营资本占比提升对加工品优势行业的加工品分工促进出口国内附加值影响的调节作用较为突出。③对于初级品分工，资产专用性占比提升对初级品优势行业的初级品分工促进出口国内附加值影响的调节作用比较突出，民营资本占比提升对初级品优势行业的初级品分工促进出口国内附加值影响的调节作用也较为突出。

（5）生产分工对出口国内附加值影响的作用机制研究发现：零部件分工、加工品分工、初级品分工促进出口国内附加值提升的作用机制并不一致，共同的作用机制是 TFP 和技术创新。其中，零部件分工促进出口国内附加值提升的机制包括 TFP、技术创新、产业结构高级化、资本配置。加工品分工和初级品分工促进出口国内附加值提升的机制包括 TFP、技术创新、产业结构合理化、劳动力配置。贸易自由化对生产分工提升出口国内附加值起到正向促进作用，在贸易自由化程度高的行业，生产分工对出口国内附加值的促进影响大，并且零部件分工的促进影响最大，加工品分工的促进影响次之，初级品分工的促进影响最小。从不同分位数贸易自由化的估计来看，贸易自由化是生产分工影响出口国内附加值的重要阈值变量。在贸易自由化程度超过 50% 以后，生产分工对出口国内附加值的提升影响非常明显；在贸易自由化程度超过 75% 以后，生产分工对出口国内附加值的提升影响最为突出。从贸易自由化的强化作用来看，贸易自由化强化了零部件分工通过 TFP、技术创新、产业结构高级化、资本配置的中介渠道对出口国内附加值的提升作用，贸易自由化强化了加工品分工和初级品分工通过 TFP、技术创新、产业结构合理化、劳动力配置的中介渠道对出口国内附加值的提升作用，也即贸易自由化会间接强化生产分工企业的 TFP、技术创新、产业结构优化、资源配置的中介渠道，继而对出口国内附加值产生积极影响。

8.2　政策建议

几十年来，伴随着我国贸易政策的不断开放，全球生产分工的规模在日趋扩大，中国的出口国内附加值获得了巨大提高，在扮演世界工厂的角色中发挥着重要作用（蒋为等，2018）。由于我国不同地区和行业的生产分工对出口国内附加值的影响具有明显差异，因此，采用"一刀切"的分工和贸易政策是不合适的，应依据行业和地区的特征，制定有针对性的分工和贸易政策。此外，我国各个地区的要素禀赋结构差异很大，人力资本、所有制、金融规模、金融效率、制度服务等存在明显的地区差异。因此，为了最大限度地发挥生产分工对出口国内附加值的提升作用，需要针对要素禀赋结构做出适度调整，使得要素禀赋可以不再掣肘出口国内附加值的提升。零部件分工、加工品分工和初级品分工对出口国内附加值的提升影响作用机制也不相同，所以应该根据其特点制定有效的政策。此外，贸易自由化对生产分工影响出口国内附加值产生正向调节作用，并且对 TFP、技术创新、产业结构优化、资源配置中介变量产生强化作用。具体来看，本书提出的政策建议如下：

（1）对各省来说，采取差别化的生产分工政策。对于北京、天津、辽宁、上海、江苏、浙江、福建、山东、广东、江西、湖北、四川、重庆等省份，其零部件分工可以显著促进出口国内附加值，因此，应该采取相关政策推动这些地区的零部件分工，充分发挥其技术溢出效应。对于河北、辽宁、福建、广东、海南、山西、山东、安徽、江西、河南、湖南、湖北、四川、重庆、贵州、云南、陕西等省份，其加工品分工可以促进出口国内附加值，因此，应该采取相关政策推动这些地区的加工品分工。对于河北、海南、黑龙江、安徽、江西、河南、湖南、四川、重庆、贵州、云南、陕西、广西、内蒙古、甘肃、青海、宁夏、新疆、西藏等省份，其初级品分工可以促进出口国内附加值，因此，应该采取相关政策推动这些地区的初级品分工。具体地：对于零部件发展优势的地区，通过鼓励设立研发机构，开展与跨国公司的配套协作活动，来提升这些地区的出口国内附加值；对于加工品和初级品发展优势的地区，应该根据发展程度和资源储备结构的阶段性特征，分层次有重点地进行生产分工。零部件分工对出口国内附加值短期波动影响较大的有上海、浙江、广东，加工品分工对出口国内附加值短期波动影响较大的有福建、广东、河南、四川，初级品分工对出口国内附加值短期波动影响较大的有吉林、黑龙江、安徽、内蒙古、宁夏。因此，政府应该密切关注这些短期波动影响较大的地区，加强对零部件、加工品、初级品各类分工进行甄别，避免过度冗余合作。由于大多数省份的零部件分工与人力资本、制度服务的交互项对出口国内附加值具有显著的提升作用，因此，政府应该加强在零部件分工领域的人力资本积累、制度服务提升，更大地发挥零部件分工对出口国内附加值的提升影响。由于只有少数省份的加工品分工、初级品分工与人力资本的交互项对出口国内附加值具有显著的提升作用，大部分省份的加工品分工、初级品分工与制度服务的交互项对出口国内附加值具有显著的提升作用，故在加工品分工和初级品分工领域，与提升人力资本相比，政府应该更多地推进基础制度服务。

（2）对各个行业来说，要重点利用生产分工的溢出效应来提升中国产业的整体竞争力。对于专用设备制造业、交通运输设备制造业、电气机械及器材制造业、电子及通信计算机设备制造业、仪器仪表及文化办公用机械制造业等行业来说，零部件分工明显促进了出口国内附加值的提升，因此，政府应该充分利用这些行业形成的内在技术、品牌、服务为核心的竞争优势，抓住当前大好发展时机，促使培育价值链高端环节的新生力量。对于农副食品加工业、食品制造业、饮料制造业、纺织业、服装及其他纤维制品制造业、皮革毛皮羽毛及其制造业、木材加工及竹藤棕草制品业、文教体育用品制造业、橡胶制品业等行业来说，加工品分工显著促进提升出口国内附加值。对于煤炭采选业、石油和天然气开采业、黑色金属矿采选业、有色金属矿采选业、非金属矿采选业、农副食品加工业、石油加工及炼焦业、黑色金属冶炼及压延加工业、有色金属冶炼及压延加工业来说，初级品分工有利于促进出口国内附加值提升，故需要不断优化升级加工品和初级品领域的生产技术，这些行业的普遍特点就是大量的重复性简单生产，并且价值链位置较低，因此在制定政策时，鼓励要对一定复杂技术生产分工的衔接，从而提升加工品分工和初级品分工对出口国内附加值的促进作用。鉴于在短期内，通用设备制造业、交通运输设备制造业、电气机械及器材制造业、电子及通信计算机设备制造业等行业的零部件分工对出口国内附加值的短期效应较为突出。饮料制造业、纺织业、皮革毛皮羽毛及其制造业、印刷业、记录媒介的复制、文教体育用品制造业等行业的加工品分工对出口国内附加值的短期效应较为突出。煤炭采选业、石油和天然气开采业、黑色金属矿采选业、有色金属矿采选业、黑色金属冶炼及压延加工业、有色金属冶炼及压延加工业等行业的初级品分工对出口国内附加值的短期效应较为突出，故政府在选择产业升级时可以根据这些短期效应较为突出的行业，制定不同类别生产分工的长远发展规划，绝不可设置一成不变的生产分工策略，每个行业应该根据自身所处的生产分工阶段实际情况，以及外部环境变化对分工策略做出动态调整，将不同类别的生产分工对出口国内附加值提升的溢出效应发挥到最大程度。鉴于资产专用性提升对零部件分工、初级品分工促进出口国内附加值影响的调节作用更好，民营资本占比提升对加工品分工、初级品分工促进出口国内附加值影响的调节作用要好一些，因此，需要有针对性地不断提升零部件分工优势行业的资产专用性程度，加工品分工优势行业的民营资本占比，初级品分工优势行业的资产专用性程度和民营资本占比。

（3）不断完善要素禀赋结构优势。鉴于人力资本、所有制结构、金融规模、金融效率和制度服务要素禀赋对零部件分工、加工品分工、初级品分工促进出口国内附加值提升的影响作用不同，因此，政府应该根据不同生产分工的需要来制定差异的要素禀赋结构完善策略。对于人力资本来说，随着人力资本要素的增强，零部件分工对出口国内附加值的提升作用得到加强，而加工品分工和初级品分工对出口国内附加值的提升作用却没有变化，因此政府应该重视培育从事零部件分工生产的人力资本储备，促进零部件分工生产的垂直创新和水平创新的研发力度。对于所有制结构来说，随着民营资本占比的提升，零部件分工对出口国内附加值的提升作用有所抑制，加工品分工和初级品分工对出口国内附加值的促进作用得到加强，由此说明国有资本占比的壮大有助于发挥零部件分工生产的溢出效应，而民营资本占比的提升有利于加工品分工和初级品分工生产的溢出效应，故政府应该加大培育对零部件分工生产的国有资本密度，不断放开在加工品分工和初级品分工生产方面的民营资本市场准入程度。对于金融规模来说，随着金融规模的提升，零部件分工对出口国内附加值的提升作用没有明显变化，加工品分工和初级品分工对出口国内附加值的促进作用得到加强。对于金融效率来说，随着金融效率的提升，零部件分工对出口国内附加值的提升作用得到加强，加工品分工和初级品分工对出口国内附加值的促进作用没有变化。由此可以看出，加工品分工和初级品分工需要的是金融规模，而零部件分工与金融效率更加契合。因此，应该完善市场化的金融体系，提高金融规模和效率，具体包括推动信贷改革，增加中小企业的信贷支持，发展帮扶科技型企业的金融创新机制和中小企业的投融资体系，培育数字金融，完善金融法规制度，鼓励多元化的融资路径。对于制度服务，随着制度服务的提升，零部件分工、加工品分工、初级品分工对出口国内附加值的提升都得到了加强，说明制度服务的完善有助于各类生产分工的溢出效应发挥。因此，政府需要不断完善各类制度服务，创造有利的竞争环境，健全市场导向机制和生产分工评价机制，强化基础制度服务建设，达到出口国内附加值提升的整体目标。

（4）健全各种传导作用机制，稳步推进对外贸易开放。鉴于 TFP 和技术创新是零部件分工、加工品分工、初级品分工促进出口国内附加值提升的共同作用机制，因此，政府应该从财税、金融政策方面引导企业着重研发投入，提升 TFP 和技术创新，鼓励企业建设高水平的研发创新平台，承担国家科研计划任务。帮助企业与高校建立广泛联系，促进研发专利成果的转化，重视培养人才队伍和创新团队，加快发展新技术，通过节约成本，提升全要素生产率。由于零部件分工能够通过产业结构高级化和资本配置促进出口国内附加值提升，因此，政府应该推进零部件领域生产分工的产业升级和资本支持，降低资本流动壁垒，促进产业结构不断向高级升级，为零部件分工创造更好条件。加工品分工和初级品分工能够通过产业结构合理化和劳动力配置促进出口国内附加值提升，故政府需要在加工品分工和初级品分工领域做好产业配套规划，降低企业进入退出壁垒，消除劳动力要素流动障碍，营造良好的公平竞争环境，为企业进行生产分工提供政策便利。研究表明，贸易自由化能够调节生产分工对出口国内附加值的提升影响，也即在贸易自由化程度越高的行业，生产分工所能够发挥的影响越大，并且贸易自由化通过强化 TFP、技术创新、产业结构优化、资源配置的中介渠道，促进生产分工对出口国内附加值的提升影响。因此，我们应该稳步推进对外贸易开放，例如签订双边或多边贸易协定等，并鼓励企业提高中间品进口门槛与标准，加大对企业提供优惠政策，推动高技术产品出口，不断提升中国出口国内附加值的国际地位。

参考文献

[1] Acemoglu D, Gancia G, Zilibotti F. Offshoring and Directed Technical Change [R]. Cambridge: NBER Working Paper, 2012, No. 18595.

[2] Acharya R C. Impact of Trade on Canada's Employment, Skill and Wage Structure [J]. World Economy, 2017, 40 (5): 849–882.

[3] Agrawal V, Diana F, Jaana K R. Off-shoring and Beyond: Cheap Labor is the Beginning, Not the End [J]. Mckinsey Quarterly, 2003 (4): 24–35.

[4] Ahsan M, Musteen M. Multinational Enterprises' Entry Mode Strategies and Uncertainty: A Review and Extension [J]. International Journal of Management Reviews, 2011, 13 (2): 376–392.

[5] Amiti M, Freund C L. The Anatomy of China's Export Growth [R]. World Bank Policy Research Working Paper Series, 2008, No. 4628.

[6] Amiti M, Wei S. Service Off-shoring and Productivity: Evidence from the United States [R]. Cambridge: NBER Working Paper, 2006, No. 11926.

[7] Antras P, Chor D. Organizing the Global Value Chain [J]. Econometrica, 2013, 81 (6): 2127–2204.

[8] Antràs P, Helpman E. Global Sourcing [J]. Journal of Political Economy, 2004 (112): 552–580.

[9] Armington P S. A Theory of Demand for Products Distinguished by Place of Production [R]. Washington: International Monetary Fund Staff Papers, 1969, 16 (1): 159–178.

[10] Arndt S W. Globalization and the Open Economy [J]. The North American Journal of Economics and Finance, 1997, 8 (1): 71–79.

[11] Balassa B. Trade Liberalization among Industrial Countries [M]. New York:

McGraw Hill Press, 1967.

[12] Bardhan A D, Kroll C. The New Wave of Outsourcing [R]. Berkeley: Fisher Center Research Reports, University of California, Berkeley, 2003.

[13] Bartel A, Lach S, Sicherman N. Outsourcing and Technological Change [R]. Cambridge: NBER Working Paper, 2004, No. 11158.

[14] Bautisa A D. Agglomeration Economies, Economic Growth and the New Economic Grography in Mexico [J]. Urban/Regional, 2006 (1): 59-79.

[15] Benkard C L. Learning and Forgetting: The Dynamics of Aircraft Production [J]. American Economic Review, 2001, 90 (4): 156-198.

[16] Bensidoun I, Lemoine F, Ünal D. The Integration of China and India into the World Economy: A Comparison [J]. The European Journal of Comparative Economics, 2009, 6 (1): 131-155.

[17] Bernard A B, Jensen J B. Exceptional Exporter Performance: Cause, Effect, or Both? [J]. Journal of International Economics, 1999 (47): 11-25.

[18] Bernard A B, Redding S J, Schott PK. Comparative Advantage and Heterogeneous Firms [R]. Cambridge: NBER Working Paper, 2004, No. W10668.

[19] Besanko D, Dranove D, Shanley M. The Economics of Strategy [M]. New York: John Wiley and Sons Ins, 1996.

[20] Birol F, Kfppler J H. Prices Technology Development and the Rebound Effect [J]. Energy Policy, 2000 (28): 457-469.

[21] Blomström M, Kokko A. Multinational Corporations and Spillovers [J]. Journal of Economic Surveys, 1998, 12 (3): 247-277.

[22] Blyde J, Graziano A, Martincus C V. Economic Integration Agreements and Production Fragmentation: Evidence on the Extensive Margin [J]. Applied Economics Letters, 2015, 22 (10): 835-842.

[23] Broda C, Weinstein D. Globalization and the Gains from Variety [J]. Quarterly Journal of Economics, 2006 (121): 541-585.

[24] Buchanan J M, Musgrave R A. Public Finance and Public Choice: Two Contrasting Visions of the State [M]. Cambridge: MIT Press, 1999.

[25] Chen Y, Ishikawa J, Yu Z. Trade Liberalization and Strategic Outsourcing

[J]. Journal of International Economics, 2004, 63 (2): 419-436.

[26] Coase R H. The Nature of the Firm [J]. Economics, 1937 (4): 405-686.

[27] Coe D T, Helpman E. International R&D Spillovers [J]. European Economic Review, 1995, 39 (5): 859-887.

[28] Corbett M. Dispelling the Myths about Outsourcing [J]. Fortune, 2004a, 5 (31): 1-20.

[29] Corbett M. The Outsourcing Revolution: Why it Makes Sense and How to Do it Right [M]. Dearborn: Dearborn Trade Publishing, Kaplan Professional Company, 2004b.

[30] Crozet M, Koenig P. The Cohesion vs Growth Tradeoff - Evidence from EU Regions [C]. ERSA Conference Papers. European Regional Sciencs Association, 2005.

[31] Das S. Externalities and Technology Transfer through Multinational Corporations: A Theoretical Analysis [J]. Journal of International Economics, 1987, 22 (3): 171-182.

[32] Davis D R. Intra - Industry Trade: A Heckscher - Ohlin - Ricardo Approach [J]. Journal of International Economics, 1995 (39): 201-226.

[33] Debaere P, Mostashari S. Do Tariffs Matter for the Extensive Margin of International Trade? An Empirical Analysis [R]. London: CEPR Working Paper, 2007.

[34] Debaere P, Mostashari S. Do Triffs Matter for the Extensive Margin of International Trade? An Empirical Analysis [R]. London: CEPR Working Paper, 2007.

[35] Dixit A, Norman V. Advertising and Welfare [J]. Bell Journal of Economics, 1978 (9): 1-17.

[36] Egger H, Egger P. International Outsourcing and the Productivity Low - Skilled Labor in the EU [J]. Economic Inquiry, 2006, 44 (1): 98-108.

[37] Egger H. Outsourcing in a Global World [D]. Zürich: University of Zürich, Dissertation, 2003.

[38] Fang K N, Wang X Y, Zhang S W, et al. Bi-Level Variable Selection via Acceptive Sparse Group Lasso [J]. Journal of Statistical Computation and Simulation,

2015（85）：2750-2760.

［39］Feenstra R C，Hanson G H. Globalization，Outsourcing and Wage Inequality［R］. Cambridge：NBER Working Paper，1996，No. 5124.

［40］Feenstra R C，Hanson G H. Ownership and Control in Outsourcing to China：Estimating the Property-Rights Theory of the Firm［J］. Quarterly Journal of Economics，2005，120（2）：729-761.

［41］Feenstra R C，Hanson G H. Productivity Measurement and the Impact of Trade and Technology on Wages：Estimates for the U. S. 1972-1990［R］. Cambridge：NBER Working Paper，1997.

［42］Feenstra R C，Hanson G H. The Impact of Outsourcing and High-technology Capital Wages：Estimates for the United States，1979-1990［J］. Quarterly Journal of Economics，1999，117（1）：85-121.

［43］Feenstra R C. Integration of Trade and Disintegration of Production in the Global Economy［J］. Journal of Economics Perspectives，1998，12（4）：31-50.

［44］Feng L，Li Z Y，Swenson D L. The Connection between Imported Intermediate Inputs and Exports：Evidence from Chinese Firms［R］. NBER Working Paper，2012.

［45］Finger J M，Kreinin G. A Measure of Export Similarity and its Possible Uses［J］. Economics Journal，1979，89（1）：905-912.

［46］Gardiner B，Martin R，Tyler P. Does Spatial Agglomeration Increase National Growth? Some Evidence from Europe［J］. Journal of Economic Geography，2011，11（6）：979-1006.

［47］Gary H P，Prahaoad C K. The Core Competence of the Corporation［J］. Harvard Business Review，1990，68（3）：79-91.

［48］Gilbert B A，Mc Dougall P P，Audretsch D B. Clusters，Knowledge Spillovers and New Venture Performance：An Empirical Examination［J］. Journal of Business Venturing，2008，23（4）：405-422.

［49］Girma S，Gorg H. Outsourcing，Foreign Ownership and Productivity：Evidence from UK Establishment-level Data［J］. Review of International Economics，2004，12（5）：814-832.

［50］ Gorg H, Hanley A, Strobl E. Outsourcing, Foreign Ownership, Exporting and Productivity: An Empirical Investigation with Plant Level Data ［R］. Nottingham: University of Nottingham GEP Researcher Paper, 2004, No. 08.

［51］ Gorg H, Hanley A. Labor Demand Effects of International Outsourcing: Evidence from Plant-level Data ［J］. International Review of Economics and Finance, 2005 (14): 365-376.

［52］ Griffith R, Redding S, Van R J. R&D and Absorptive Capacity: Theory and Empirical Evidence ［J］. The Scandinavian Journal of Economics, 2003, 105 (1): 99-118.

［53］ Grossman G M, Hansberg E. Trading Tasks: A Simple Theory of Offshoring ［J］. American Economic Review, 2008, 95 (5): 1978-1997.

［54］ Grossman G M, Helpman E, Szeidl. Optimal Integration Strategies for the Multinational Firm ［J］. Journal of International Economics, 2005 (5): 216-238.

［55］ Grossman G M, Helpman E. Innovation and Growth in the Theory ［M］. Cambridge: MIT Press, 1991.

［56］ Grossman G M, Helpman E. Integration versus Outsourcing in Industry Equilibrium ［J］. Quarterly Journal of Economics, 2002, 117 (1): 85-121.

［57］ Grossman G M, Helpman E. Management Incentives and the International Organization of Production ［J］. Journal of International Economics, 2004, 63 (2): 237-263.

［58］ Grossman G M, Helpman E. Outsourcing in a Global Economy ［J］. Review of Economic Studies, 2005 (72): 135-159.

［59］ Grossman G M, Helpman E. Outsourcing versus FDI in Industry Equilibrium ［J］. Journal of the European Economics Association, 2003, 1 (2-3): 317-327.

［60］ Grossman G M, Helpman E. Quality Ladders and Product Cycles ［J］. Quarterly Journal of Economics, 1991 (106): 78-103.

［61］ Grossman S J, Hart O D. The Cost and Benefits of Ownership: A Theory of Vertical and Lateral Integration ［J］. The Journal of Political Economy, 1986, 94 (4): 691-719.

[62] Hausmann R, Hwang J, Rodrik D. What You Export Matters? [J]. Journal of Economic Growth, 2007, 12 (1): 1-25.

[63] Hausmann R, Jason H, Rodrik D. What You Export Matters? [R]. Cambridge: NBER Working Paper, 2005, No. 11905.

[64] Hausmann R, Rodrik D. Economic Development as Self-Discovery [J]. Journal of Development Economics, 2003, 72 (2): 603-633.

[65] Helpman E, Krugman P R. Trade Policy and Market Structure [M]. Cambridge: MIT Press, 1985.

[66] Helsley R W, Strange W C. Innovation and Input Sharing [J]. Journal of Urban Economics, 2002, 51 (1): 25-45.

[67] Henderson J V. The Urbanization Process and Economic Growth: The So-what Question [J]. Journal of Economic Growth, 2003, 8 (1): 47-71.

[68] Higon D A. The Impact of R&D Spillovers on UK Manufacturing TFP: A Dynamic Panel Approach [J]. Research Policy, 2007, 36 (7): 964-979.

[69] Hopenhayn H A. Entry, Exit, and Firm Dynamics in Long Run Equilibrium [J]. Econometrica, 1992, 60 (5): 1127-1150.

[70] Hummels D, Ishii J, Yi K M. The Nature and Growth of Vertical Specialisation in the World Trade [J]. Journal of International Economics, 2001, 54 (1): 75-96.

[71] Hummels D, Klenow P. The Variety and Quality of a Nation's Exports [J]. American Economic Review, 2005 (95): 704-723.

[72] Ishii J, Yi K. The Growth of World Trade [R]. New York: Federal Reserve Bank of New York Research Paper, 1997, No. 9718.

[73] Jenkins R. Comparing Foreign Subsidiaries and Local Firms in LDCS: Theoretical Issues and Empirical Evidence [J]. The Journal of Development Studies, 1990, 26 (2): 205-228.

[74] Johson R C. Five Facts about Value-added Exports and Implications for Macroeconomics and Trade Research [J]. Journal of Economics Perspectives, 2014, 28 (2): 119-142.

[75] Jones R, Kierzkowski H, Lurong C. What Does Evidence Tell Us about

Fragmentation and Outsourcing? [J]. International Review of Economics and Finance, 2005 (14): 305-316.

[76] Jones R W, Kierzkowski H. The Role of Services in Production and International Trade: A Theoretical Framework [M]// Jones R, Krueger (Eds.), The Political Economy of International Trade: Essays in Hornor of Robert Baldwin E. Oxford: Basil Blackwell, 1990.

[77] Kasahara H, Rodrigue J. Does the Use of Imported Intermediates Increase Productivity? Plant Level Evidence [J]. Journal of Development Economics, 2008, 87 (1): 106-118.

[78] Kee H L, Tang H. Domestic Value Added in Exports: Theory and Firm Evidence from China [J]. American Economic Review, 2016, 106 (6): 1402-1436.

[79] Kohler W. A Specific Factors View on Outsourcing [J]. North American Journal of Economic and Finance, 2001 (12): 31-53.

[80] Koopman R, Wang Z, Wei S J. Give Credit ti Where Credit is Due: Tracing Value Added in Global Production [R]. Cambridge: NBER Working Paper, 2010, No. 16426.

[81] Krugman P R. Increasing Returns, Monopolistic Competition, and International Trade [J]. Journal of International Economics, 1979, 9 (4): 469-479.

[82] Krugman P. Does Third World Growth Hurt First World Prosperty? [J]. Harvard Business Review, 1996, 72 (4): 113-121.

[83] Kugler M, Verhoogen E. Prices, Plant Size and Produce Quality [J]. Review of Economic Studies, 2012 (79): 307-339.

[84] Kumar N. Determinants of Location of Overseas R&D Activity of Multinational Enterprises: the Case of US and Japanese Corporations [J]. Research Policy, 2001, 30 (1): 159-174.

[85] Lai M Y, Wang H, Zhu S J. Double-Edged Effect of the Technology Gap and Technology Spillovers: Evidence from the Chinese Industrial Sector [J]. China Economic Review, 2009, 20 (3): 414-424.

[86] Lall S, Weiss J, Zhang J K. Regional and Country Sophistication Performance [R]. Manila: Asian Development Bank Institute Discussion Paper, 2005,

No. 23.

[87] Lall S, Weiss J, Zhang J K. The Sophistication of Exports: A New Trade Measure [J]. World Development, 2006, 34 (2): 222-237.

[88] Leamer E, Hugo M, Sergio R, et al. Does Natural Resource Abundance Increase Latin American Income Inquality? [J]. Journal of Development Economics, 1999 (59): 3-42.

[89] Li B, Liu Y. Moving up the Value Chain [R]. Mimeo Boston University, 2014.

[90] Lin P, Saggi K. Multinational Firms, Exclusivity, and Backward Linkages [J]. Journal of International Economics, 2007, 71 (1): 206-220.

[91] Lin Y F. Development Strategy and Economic Convergence [J]. Economic Development and Culture Change, 2013, 51 (2): 277-308.

[92] Lopez G, Kowalski J, Achard P. Trade, Global Value Chains and Wage Income Inequality [R]. Paris: OECD Working Paper, 2015, No. 182.

[93] Marin D, Verdier T. Globalization and the Empowerment of Talent [R]. London: Centre for Economic Policy Research Paper, 2003, No. 4129.

[94] Markusen J R, Maskus K E. Discriminating Among Alternative Theories of the Multinational Enterprise [J]. Review of International Economics, 2002, 10 (4): 694-707.

[95] Markusen J R. Contracts, Intellectual Property Rights, and Multinational Investment in Development [J]. Journal of International Economics, 2001 (53): 189-204.

[96] Martin P, Ottaviano G I P. Growth and Agglomeration [J]. International Economic Review, 2001, 42 (4): 947-968.

[97] Mayer J, Wood A. South Asia's Exports in a Comparative Perspective [J]. Oxford Development Studies, 2001 (29): 5-29.

[98] Melitz M J, Ottaviano G I. Market Size, Trade, Productivity [R]. Cambridge: NBER Working Paper, 2005, No. 11393.

[99] Melitz M J. The Impact of Trade on Intra-Industry Reallocation and Aggregate Industry Productivity [J]. Econometrica, 2003, 71 (6): 695-725.

［100］ Memedovic O. Inserting Local Industries into Global Value Chains and Global Production Networks ［R］. Vienna: UNIDO Working Paper, 2004.

［101］ Michaely, M. Trade, Income Levels and Dependence ［J］. Journal of Development Economics, 1984, 21 (2): 291-293.

［102］ Mitra A, Sato H. Agglomeration Economics in Japan: Technical Effciency, Growth and Unemployment ［J］. Review of Urban and Regional Development Studies, 2006, 19 (48): 197-209.

［103］ Ottaviano G, Pinelli D. Market Potential and Productivity: Evidence from Finnish Regions ［J］. Regional Science and Urban Economics, 2006, 36 (5): 536-657.

［104］ Pedroni P. Critical Values for Cointegration Tests in Heterogenerous Panels with Multiple Regressors ［J］. Oxford Bulletin of Economics and Statistics, 1999 (61): 653-670.

［105］ Pierce J R, Schott P K. The Surprisingly Swift Decline of US Manufacturing Employment ［J］. American Economic Review, 2016 (7): 1632-1662.

［106］ Puga D, Trefler D. Wake up and Smell the Ginseng: International Trade and the Rise of Incremental Innovation in Low-wage Countries ［J］. SSRN Electronic Journal, 2010, 91 (1): 64-76.

［107］ Rodrik D. What is So Special about China's Exports? ［J］. China and the World Economy, 2006 (14): 1-19.

［108］ Rotemberg J, Saloner G. Competition and Human Capital Accumulation: A Theory of Interregional Specialization and Trade ［J］. Regional Science and Urban Economics, 2000, 30 (4): 373-404.

［109］ Sbergami F. Agglomeration and Economic Growth: Some Puzzles ［R］. HEI Working Paper, 2002.

［110］ Singh J, Marx M. Geographic Constraints on Knowledge Spillovers: Pplotical Borders vs. Spatial Proximity ［J］. Management Science, 2012, 59 (9): 2056-2078.

［111］ Spencer B, Qui L D. Keiretsu and Relationship-Specific Investments: A Barrier to Trade ［J］. Journal of International Economics, 2001, 42 (4): 871-901.

[112] Svaleryd H, Vlachos J. Financial Market, the Pattern of Specialization and Comparative Advantage Evidence from OECD Countries [J]. European Economic Review, 2005, 49 (1): 113-144.

[113] Thoenig M, Verdier T. A Theory of Defensive Skill-Biased Innovation and Globalization [J]. American Economic Review, 2003, 93 (3): 709-728.

[114] Timmer M P, Erumban A A, Los B, Stehrer R, Vries GJ. Slicing Up Global Value Chains [J]. Journal of Ecomonis Perspectives, 2014, 28 (2): 99-118.

[115] Upward R, Wang Z, Zheng J H. Weighing China's Export Basket: the Domestic Content and Technology Intensity of Chinese Exports [J]. Journal of Comparative Economics, 2013 (41): 527-543.

[116] Van A, Gangnes B. Electronics Production Upgrading: Is China Exceptional? [R]. Manoa: Working Papers for University of Hawaii at Manoa, Department of Economics, 2007, No. 200722.

[117] Van F, Assche A, Gangnes B. Electronics Production Upgrading: is China Exceptional? [J]. Applied Economics Letters, 2010, 17 (5): 477-482.

[118] Verspagen H H G. Uneven Growth between Interdependent Economies: An Evolutionary View on Technology Gaps, Trade and Growth [R]. Maastricht: Working Paper for University of Maastricht, 1992.

[119] Wang Z, Wei S J, Yu X D, et al. Characterizing Global Value Chain: Production Length and Upstreamness [R]. NBER Working Paper, 2017, No. 23261.

[120] Wang Z, Wei S J, Zhu K. Quantifying International Production Sharing at the Bilateral and Sector Levels [R]. Cambridge: NBER Working Paper, 2013, No. 19677.

[121] Williamson O E. Markets and Hierarchies: Analysis and Antitrust Implications [M]. New York: Free Press, 1975.

[122] Xin B. Multinational Enterprises, Technology Diffusion, and Host Country Productivity Growth [J]. Journal of Development Economics, 2000 (62): 477-493.

[123] Xu B, Lu J Y. Foreign Direct Investment, Processing Trade, and China's Export Sophistication [R]. Shanghai: China-Europe International Business School

Working Paper，2008.

［124］Xu B. Measuring China's Export Sophistication［R］. Shanghai：China-Europe International Business School Working Paper，2007.

［125］白俊红，刘宇英. 对外直接投资能否改善中国的资源错配［J］. 中国工业经济，2018（1）：60-78.

［126］陈凤兰，张鹏飞. 国内生产链延伸发展与企业创新：效应及作用机制［J］. 国际贸易问题，2022（11）：69-86.

［127］陈虹，徐阳. 贸易自由化对出口国内附加值的影响研究［J］. 国际经贸探索，2019（6）：33-48.

［128］陈晓华，黄先海，刘慧. 中国出口技术结构演进的机理与实证研究［J］. 管理世界，2011（3）：44-57.

［129］陈艳莹，鲍宗客. 干中学与中国制造业的市场结构：内生性沉没成本的视角［J］. 中国工业经济，2012（8）：43-55.

［130］程大中. 中国增加值贸易隐含的要素流向扭曲程度分析［J］. 经济研究，2014（9）：67-79.

［131］戴一鑫，李杏，晁先锋. 产业集聚协同效度如何影响企业创新［J］. 当代财经，2019（4）：96-109.

［132］杜修立，王维国. 中国出口贸易的技术结构及其变迁：1980-2003［J］. 经济研究，2007（7）：137-151.

［133］樊茂青，黄薇. 基于全球价值链分解的中国贸易产业结构演进研究［J］. 世界经济，2014（2）：68-94.

［134］符淼. 地理距离和技术外溢效应——对技术和经济集聚现象的空间计量学解释［J］. 经济学季刊，2009（4）：1549-1566.

［135］付海燕. 对外直接投资逆向技术溢出效应研究［J］. 世界经济研究，2014（9）：56-61+88-89.

［136］葛阳琴，谢建国. 中国出口下降的驱动因素研究——基于全球价值链生产分工的分层结构分解分析［J］. 数量经济技术经济研究，2018（2）：24-43.

［137］顾永红，胡汉辉. 外商直接投资激励对产业升级影响的分析［J］. 世界经济研究，2007（10）：59-63+88.

［138］郭晶. FDI对高新技术产业出口复杂度的影响［J］. 管理世界，2010

（7）：173-174.

[139] 韩中 . 全球价值链视角下中国总出口的增加值分解 [J]. 数量经济技术经济研究，2016（9）：45-66.

[140] 黄永明，张文洁 . 中国出口复杂度的测度与影响因素分析 [J]. 世界经济研究，2011（12）：59-64.

[141] 季书涵，朱英明，张鑫 . 产业集聚对资源错配的改善效果研究 [J]. 中国工业经济，2016（6）：73-90.

[142] 江心英，陈丽珍 . 外商直接投资技术外溢理论研究综述 [J]. 国际贸易问题，2006（6）：124-128.

[143] 蒋殿春，王春宇 . 外商直接投资与中国制造业产业升级 [J]. 南开学报（哲学社会科学版），2020（4）：32-43.

[144] 蒋为，宋易珈，李行云 . 全球制造业生产分工的演变、分布与贸易效应 [J]. 数量经济技术经济研究，2018（9）：3-21.

[145] 景光正，盛斌 . 金融结构如何影响了中国企业出口国内附加值？[J]. 经济科学，2022（5）：59-77.

[146] 况佩杰 . 制造业集聚对产业结构升级的影响 [J]. 重庆科技学院学报（社会科学版），2018（6）：45-58.

[147] 赖明勇，张新，彭水军 . 经济增长的源泉：人力资本，研究开发与技术外溢 [J]. 中国社会科学，2005（2）：32-46.

[148] 雷红 . 中国 OFDI 逆向技术溢出、金融发展与全要素生产率 [J]. 现代经济探讨，2019（8）：75-84.

[149] 李强，郑江淮 . 基于产品内分工的我国制造业价值链攀升：理论假设与实证分析 [J]. 财贸经济，2013（9）：95-102.

[150] 李胜旗，毛其淋 . 制造业上游垄断与企业出口国内附加值 [J]. 中国工业经济，2017（3）：101-119.

[151] 刘斌，赵晓斐 . 制造业投入服务化、服务贸易壁垒与全球价值链分工 [J]. 经济研究，2020（7）：159-174.

[152] 刘庆林，高越，韩军伟 . 国际生产分割的生产率效应 [J]. 经济研究，2010（2）：32-43.

[153] 刘维刚，倪红福，夏杰长 . 生产分割对企业生产率的影响 [J]. 世界

经济，2017（8）：29-52.

　　［154］刘维林．劳动要素的全球价值链分工地位变迁——基于报酬份额和嵌入深度的考察［J］．中国工业经济，2021（1）：76-94.

　　［155］刘志彪，张杰．全球代工体系下发展中国家俘获型网络的形成、突破与对策——基于 GVC 和 NVC 的比较视角［J］．中国工业经济，2007（5）：39-47.

　　［156］龙飞扬，殷凤．制造业全球生产分工深化能够提升出口国内附加值率［J］．国际贸易问题，2021（3）：32-48.

　　［157］罗长远，张军．附加值贸易：基于中国的实证分析［J］．经济研究，2014（6）：35-47.

　　［158］吕延方．比较优势理论能否有效解释承接外包的产生机理——基于中国工业的经验研究［J］．经济管理，2011（10）：145-158.

　　［159］倪红福．全球价值链中产业"微笑曲线"存在吗？——基于增加值平均传递步长方法［J］．数量经济技术经济研究，2016（11）：113-130.

　　［160］聂辉华，江艇，杨汝岱．中国工业企业数据库的使用现状和潜在问题［J］．世界经济，2012（5）：142-158.

　　［161］平新乔等．垂直专门化、产业内贸易与中美贸易关系［D］．北京：北京大学中国经济研究中心工作论文，2005.

　　［162］齐俊妍，王永进，施炳展，盛丹．金融发展与出口技术复杂度［J］．世界经济，2011（7）：91-118.

　　［163］钱学锋．企业异质性、贸易成本和中国出口增长的二元边际［J］．管理世界，2008（9）：48-58.

　　［164］乔小勇，李翔宇，王耕．GVC 嵌入与我国服务业技术进步：机理与实证研究［J］．科学学研究，2019（11）：1964-1978+2025.

　　［165］邱斌，叶龙凤，孙少勤．参与全球生产网络对我国制造业价值链提升影响的实证研究——基于出口复杂度的分析［J］．中国工业经济，2012（1）：57-67.

　　［166］邵昱琛，熊琴，马野青．地区金融发展、融资约束与企业出口的国内附加值率［J］．国际贸易问题，2017（9）：154-164.

　　［167］沈建飞．流通活动、市场分割与国内价值链分工深度［J］．财贸经

济，2018（9）：89-104.

[168] 盛斌，赵文涛．全球价值链嵌入与中国经济增长的"结构路径之谜"[J]．经济科学，2021（4）：20-36.

[169] 宋冬林，范欣，赵新宇．区域发展战略、市场分割与经济增长——基于相对价格指数法的实证分析 [J]．财贸经济，2014（8）：115-126.

[170] 唐东波．垂直专业化贸易如何影响了中国的就业结构 [J]．经济研究，2012（8）：118-131.

[171] 唐海燕，张会清．产品内分工与发展中国家价值链提升 [J]．经济研究，2009（9）：81-93.

[172] 王春晖．区域异质性、产业集聚与人力资本积累：中国区域面板数据的实证 [J]．经济经纬，2019（1）：87-94.

[173] 王岚．全球价值链嵌入与贸易利益：基于中国的实证分析 [J]．财经研究，2019（7）：71-83.

[174] 王小鲁，樊纲，余静文等．中国分省份市场化指数报告 [M]．北京：社会科学文献出版社，2016.

[175] 王晓红．中国承接国际设计服务外包的技术外溢效应研究——基于中国 80 家设计公司承接国际服务外包的实证分析 [J]．财贸经济，2008（8）：84-89.

[176] 王永进，盛丹，施炳展．基础设施如何提升了出口技术复杂度 [J]．经济研究，2010（7）：103-115.

[177] 王勇，沈仲凯．禀赋结构、收入不平等与产业升级 [J]．经济学季刊，2018（2）：801-824.

[178] 王直，魏尚进，祝坤福．总贸易核算法：官方贸易统计与全球价值链的度量 [J]．中国社会科学，2015（9）：89-102.

[179] 魏悦羚，张洪胜．进口自由化会提升中国出口国内附加值率吗？[J]．中国工业经济，2019（3）：24-42.

[180] 文东伟．全球价值链分工与中国的贸易失衡——基于增加值贸易的研究 [J]．数量经济技术经济研究，2018（11）：39-57.

[181] 吴万宗，刘玉博，徐琳．产业结构变迁与收入不平等——来自中国的微观证据 [J]．管理世界，2018（2）：22-33.

［182］谢谦，刘维刚，张鹏杨．进口中间品内嵌技术与企业生产率［J］．管理世界，2021（2）：66-80+6+22-23.

［183］许斌．技术升级与中国出口竞争力［J］．国际经济评论，2008（5）：48-50.

［184］许和连，成丽红．制度环境、创新与异质性服务业企业 TFP［J］．财贸经济，2016（10）：132-146.

［185］许家云，毛其淋，胡鞍钢．中间品进口与企业出口产品质量升级：基于中国证据的研究［J］．世界经济，2017（3）：52-75.

［186］严雅雪，齐绍洲．外商直接投资和中国雾霾污染［J］．统计研究，2017（5）：69-81.

［187］杨蕙馨，高新焱．中国制造业融入垂直专业化分工全球价值链研究综述［J］．经济管理，2019（1）：34-44.

［188］杨连星，罗玉辉．中国对外直接投资与全球价值链升级［J］．数量经济技术经济研究，2017（6）：108-125.

［189］杨文芳，方齐云．产品内国际生产分工对中国的劳动需求效应分析［J］．财贸研究，2010（5）：55-62.

［190］姚洋，张晔．中国出口品国内技术含量升级的动态研究——来自中国及江苏省、广东省的证据［J］．中国社会科学，2008（2）：67-82.

［191］姚洋，章林峰．中国本土企业出口竞争优势和技术变迁分析［J］．世界经济，2008（3）：3-11.

［192］姚耀军．金融发展与全要素生产率增长：区域差异重要吗？［J］．当代财经，2012（3）：43-53.

［193］叶林祥，李实，罗楚亮．行业垄断、所有制与企业工资收入差距——基于第一次全国经济普查企业数据的实证研究［J］．管理世界，2011（4）：26-36.

［194］袁冬梅，魏后凯，于斌．中国地区经济差距与产业布局的空间关联性——基于 Moran 指数的解释［J］．中国软科学，2012（12）：90-102.

［195］袁其刚，刘斌，朱学昌．经济功能区的"生产力效应"研究［J］．世界经济，2015（5）：81-104.

［196］张会清，翟孝强．中国参与全球价值链的特征与启示——基于生产分

生产分工与出口附加值提升

解模型的研究［J］.数量经济技术经济研究，2018（1）：22-40.

[197] 张军，吴桂英，张吉鹏.中国省际物质资本存量估计：1952-2000［J］.经济研究，2004（10）：35-44.

[198] 张夏，汪莉，郑乐凯.全球生产分工体系下的服务贸易出口被低估了吗?［J］.北京理工大学学报（社会科学版），2020（1）：101-108.

[199] 张泽义，周玉琴.国内市场分割与出口国内附加值率［J］.重庆师范大学学报（社会科学版），2022（4）：21-34.

[200] 章志华，唐礼智.空间溢出视角下的对外直接投资与母国产业结构升级［J］.统计研究，2019（4）：29-38.

[201] 赵增耀，沈能.垂直专业化分工对我国企业价值链影响的非线性效应［J］.国际贸易问题，2014（5）：23-24.

[202] 祝树金，戢璇，傅晓岚.出口品技术水平的决定性因素：来自跨国面板数据的证据［J］.世界经济，2010（4）：28-46.